Katalog deutsche Orden
und Ehrenzeichen

KATALOG
DEUTSCHE ORDEN UND EHRENZEICHEN

1871 bis zur Gegenwart
erstmals mit Bundesrepublik

Die Deutsche Bibliothek – CIP-Einheitsaufnahme

Katalog deutsche Orden und Ehrenzeichen : 1871 bis zur
Gegenwart ; erstmals mit Bundesrepublik / Jörg Nimmergut ;
H. von der Heyde ; K. H. Feder. – 2., durchges. und verb. Aufl.
– Augsburg : Battenberg, 1995
  ISBN 3-89441-296-8
NE: Nimmergut, Jörg; Heyde, Heiko von der; Feder, Klaus H.;
  Deutsche Orden und Ehrenzeichen

Es ist nicht gestattet, Abbildungen dieses Buches
zu scannen, in PCs oder auf CDs zu speichern
oder in PCs/Computern zu verändern
oder einzeln oder zusammen mit anderen Bildvorlagen
zu manipulieren, es sei denn mit schriftlicher
Genehmigung des Verlages.

BATTENBERG VERLAG
© 1994, 1995 Weltbild Verlag GmbH Augsburg
Alle Rechte vorbehalten
Umschlaggestaltung: Zembsch' Werkstatt, München
Satz: satz-studio gmbh, Bäumenheim
Druck und Binden: Presse-Druck, Augsburg
Printed in Germany
ISBN 3-89441-296-8

Inhalt

VORWORT 7

DEUTSCHES REICH
1871 – 1918 9

WEIMARER REPUBLIK
1918 – 1933 31

DEUTSCHES REICH
1933 – 1945 37

DEUTSCHE DEMOKRATISCHE REPUBLIK
1949 – 1990 131

BUNDESREPUBLIK DEUTSCHLAND
AB 1949 225

Vorwort zur 2. Auflage

Erfreulich ist die Resonanz, die dieser neue Katalog (1871 bis zur Gegenwart, einschließlich der Bundesrepublik Deutschland) bei seinem Erscheinen ausgelöst hat. Anordnung und Übersicht sowie die Bebilderung mit VS und RS entsprechen den Wünschen der Sammler.
Die erstmalige Zusammenstellung der Auszeichnungen der Bundesrepublik Deutschland fand naturgemäß das meiste Interesse. Durch die Mithilfe der Sammler konnten neue Auszeichnungen aufgenommen und die Abbildungen vermehrt werden; für ihre Zuschriften sei allen Katalogbenutzern gedankt.
Die Frage der Bewertung spielte in vielen Stellungnahmen eine Rolle. Da sehr viele Auszeichnungen der Gegenwart direkt von den Herstellern bezogen werden können, wurde auf der Basis ihrer Preisangaben versucht, einen angemessenen Durchschnittspreis zu ermitteln.
Schwierig ist die Preisgestaltung für die Auszeichnungen des 2. Weltkrieges in der Fassung nach dem Ordensgesetz von 1957, für die ein Markt noch nicht vorhanden ist. Die Katalogbewertungen sind in diesem Fall Mittelwerte aus den Preislisten der Hersteller, auch derer, die heute nicht mehr liefern.
Ein Sonderfall sind die Orden und Ehrenzeichen des Landes Hessen, deren Erwerb durch den Sammler von der Staatskanzlei nicht genehmigt wird. Mit Ausnahme der Rettungsmedaille Nr. 1729 bedeutet daher ein Sternchen nicht, daß die Auszeichnung selten ist.
Enthalten sind auch Auszeichnungen, die im Sinne des Ordensrechtes nicht als solche zu betrachten sind, Nr. 1679/1 - 1679/3 und 1801/1802. Da sie von den Ministerpräsidenten der jeweiligen Länder verliehen werden, erschien ihre Aufnahme angezeigt.
Die Zahl der Sammler von DDR-Auszeichnungen nimmt ständig zu. Ihnen soll mit der zweiten, durchgesehenen und verbesserten Auflage eine Hilfe beim Erwerb neuer Stücke gegeben werden. Einige Preise wurden entsprechend der Entwicklung im Handel korrigiert. Dabei zeigte sich, daß die frühen und auch recht seltenen Auszeichnungen der DDR gegenwärtig stark im Preis angezogen haben. Ein Teil der Abbildungen wurden erneuert.
Für Anregungen sowie ergänzendes Text- und Bildmaterial sind die Autoren jederzeit dankbar.

München und Rosenheim, im Mai 1995 *Jörg Nimmergut*
Klaus H. Feder
Heiko von der Heyde

Vorwort

Der Wunsch nach einem weiterführenden Preiskatalog für Deutsche Orden und Ehrenzeichen ist vielfach an die Autoren herangetragen worden. Der Grund dafür liegt in der Existenz neuer Sammelgebiete, die schon deshalb benötigt werden weil sie, von Ausnahmen abgesehen, kein so extremes Preisgefüge aufweisen, eine ausreichende Warenmenge vorhanden und der Schutz von Kopien zunächst gewährleistet ist.
Um einen historisch sinnvollen Abschnitt der Preisbearbeitung zu schaffen wurden gewählt: Deutsches Reich (1871 bis 1918) – 3. Reich (1933 bis 1945) – ehemalige DDR (1949 bis 1990) und die Bundesrepublik Deutschland (1949 bis jetzt). Der Katalog wird kontinuierlich alle zwei Jahre erscheinen und kann somit die Neustiftungen in den alten und neuen Bundesländern aktuell aufnehmen.
In der ehemaligen DDR gab es 176 staatliche Auszeichnungen, teilweise in mehreren Stufen, die sich in Orden, Preise, Ehrentitel und Medaillen unterteilen lassen. Im Laufe der Jahre kamen zahlreiche Varianten durch unterschiedliche Materialien und Stempelverschiedenheiten hinzu. Das Auszeichnungswesen der ehemaligen DDR unterschied zwischen staatlichen und nichtstaatlichen Auszeichnungen. Staatliche Auszeichnungen wurden gestiftet und verliehen durch:
den Vorsitzenden des Staatsrates der DDR,
den Vorsitzenden des Ministerrates der DDR,
und den Vorsitzenden des Nationalen Verteidigungsrates der DDR.
Nichtstaatliche Auszeichnungen wurden gestiftet und verliehen durch:
die Minister und Leiter anderer zentraler Staatsorgane,
die Vorsitzenden der Räte der Bezirke, Räte der Kreise und Räte der Städte,
die Vorsitzenden und Leiter von Parteien und gesellschaftlichen Organisationen.
In diesen Katalog wurden nur jene Grundtypen staatlicher Auszeichnungen und deren Varianten aufgenommen, die durch Materialbeschaffenheit (z. B. Edelmetall - Buntmetall), durch eine wesentlich veränderte Gestaltung oder durch kurze Verleihungszeiträume Preisunterschiede rechtfertigen. Zu fast allen Auszeichnungen der ehemaligen DDR existieren zahlreiche Varianten, die zwar für den Spezialsammler von Interesse sind, jedoch keine unterschiedliche Preisbewertung rechtfertigen und folglich im Katalog nicht berücksichtigt wurden. Besonderen Wert wurde auf eine umfangreiche

Bebilderung gelegt, die dem Benutzer u. a. das Auffinden gestaltungsähnlicher Auszeichnungen wesentlich erleichtert.
Die Preise für den Abschnitt ehemalige DDR orientieren sich an der tatsächlichen Marktentwicklung seit 1990 und sind frei von spekulativen Verzerrungen, die für die zurückliegenden Jahre ein unschönes Merkmal waren.

Erstmals wurden die Orden und Ehrenzeichen der Bundesrepublik Deutschland bearbeitet. Da die vorliegende Literatur, zumeist am Ordensgesetz sowie an Stiftungs- und Durchführungsverordnungen ausgerichtet, auf die speziellen Interessen der Sammlerschaft nicht einging, wird hiermit eine Lücke geschlossen. Nunmehr ist es möglich Einordnung und Bewertung für das Sammelgebiet Bundesrepublik Deutschland vorzunehmen. Die dabei aufgestellte Systematik zeigt wie umfangreich und differenziert inzwischen das Auszeichnungswesen der Bundesrepublik Deutschland geworden ist. Das wird manchen Sammler überraschen und zur Beschäftigung mit der Materie anregen.
Im Interesse der Vollständigkeit wurden auch die Auszeichnungen des 2. Weltkrieges aufgenommen, die zwar keine originären Stiftungen der Bundesrepublik Deutschland sind aber infolge der Veränderungen, die sie durch das Ordensgesetz von 1957 erfahren haben, einen Teil unseres gegenwärtigen Auszeichnungswesens darstellen.
Abgebildet sind Exemplare von Herstellern, die von den jeweiligen Staatskanzleien oder Ministerien der Länder der Bundesrepublik Deutschland offiziell mit der Herstellung von Orden und Ehrenzeichen beauftragt wurden. Die Preise verstehen sich als Mittelwerte, Liebhaberpreise und Zufallsergebnisse wurden somit ausgeschlossen.
Alle Preise sind in Deutscher Mark angegeben. Extrem seltene Exemplare, einmalige Verleihungen bzw. ein nur einmal erzielter Preis, der nicht als verbindlich gelten kann, sind daher mit einem * gekennzeichnet.
Für Anregungen sowie ergänzendes Text- und Bildmaterial sind die Autoren jederzeit dankbar.

München und Rosenheim, im März 1994

Jörg Nimmergut
Klaus H. Feder
Heiko von der Heyde

Deutsches Reich
1871–1918

10   *Deutsches Reich*

Zivile Ehrenzeichen

1   Jerusalem-Kreuz, 1898, emailiert   725,–

Militärische Ehrenzeichen

2   Kriegsdenkmünze 1870/71 für Kämpfer,
    Randinschrift »AUS EROBERTEM GESCHÜTZ«
    am Band für Kämpfer
    gestiftet von Preußen, jedoch an Angehörige
    aller Bundesstaaten verliehen   20,–

Deutsches Reich 11

3   wie vor, aus Stahl
    am Band für Nichtkämpfer   30,–

Gefechtsspangen zur Kriegsdenkmünze 1870/71
gestiftet von Preußen, jedoch an Angehörige
aller Bundesstaaten verliehen

4   SPICHERN/auch SPICHEREN   25,–

5   WÖRTH   40,–
6   COLOMBEY – NOUILLY   45,–

7   VIONVILLE – MARS LA TOUR   30,–

8   GRAVELOTTE – ST. PRIVAT   25,–

9   BEAUMONT   45,–

10	NOISSEVILLE	60,–
11	SEDAN	30,–
12	AMIENS	60,–
13	BEAUNE LA ROLANDE	120,–
14	VILLIERS	55,–
15	LOIGNY – POUPRY	40,–
16	ORLEANS	50,–
17	BEAUGENCY – CRAVANT	35,–
18	AN DER HALLUE	105,–

Deutsches Reich 13

19	BAPAUME	85,–
20	LE MANS	40,–
21	AN DER LISAINE / auch A. D. LISAINE	55,–
22	ST. QUENTIN	75,–
23	MONT VALERIEN / auch A. MONT VALERIEN	95,–
24	STRASSBURG	90,–
25	PARIS	30,–
26	BELFORT	50,–

14 *Deutsches Reich*

27 METZ 30,–

28 WEISSENBURG 50,–

China-Denkmünze

29 für Kämpfer, 1901 110,–
30 wie vor, aus Stahl für Nichtkämpfer 125,–

Gefechtsspangen zur China-Denkmünze

31 TAKU 200,–

32 SEYMOUR-EXPEDITION 300,–

33 TIENTSIN 210,–

34	PEKING	275,–
35	PEITANG-FORTS	220,–
36	LIANG-HSIANG-HSIEN	170,–
37	KAUMI	300,–
38	TSEKINGWAN	250,–
39	KALGAN	275,–
40	HUOLU	140,–
41	KITCHOU	225,–

42 HOPHU 235,–

43 FOUPHING 200,–

Südwestafrika-Denkmünze

44 für Kämpfer, 1907 100,–
45 wie vor, aus Stahl für Nichtkämpfer 125,–

Gefechtsspangen zur Südwestafrika-Denkmünze

46 HEREROLAND 120,–
47 OMARURU 375,–

48 OGANJIRA 210,–

Deutsches Reich 17

| 49 | WATERBERG | 100,– |

| 50 | OMAHEKE | 160,– |

51	GROSS-NAMALAND	80,–
52	FAHLGRAS	375,–
53	TOASIS	350,–

| 54 | KARAS-BERGE/auch KARASBERGE | 150,– |

| 55 | GROSS-NABAS | 325,– |
| 56 | AUOB | 300,– |

| 57 | NURUDAS | 240,– |
| 58 | NARUDAS (seit 11.11.1908) | 375,– |

18 Deutsches Reich

59 NOSSOB 225,–

60 ORANJE 175,–

61 KALAHARI 1907, nur an Engländer vergeben *

62 KALAHARI 1908 250,–

Kolonial-Denkmünze

63 für Weiße, 1912 160,–
64 wie vor, für Farbige der Schutz- und
    Polizeitruppen, kleinere Ausführung 750,–

Gefechtsspangen zur Kolonial-Denkmünze

65 DEUTSCH-OSTAFRIKA 1888/89 355,–

66 wie vor, 1889/90 330,–
67 wie vor, 1889/91 400,–

Deutsches Reich 19

> DEUTSCH-OSTAFRIKA 1892.

| 68 | wie vor, 1892 | 380,– |

> DEUTSCH-OSTAFRIKA 1893.

| 69 | wie vor, 1893 | 380,– |

> DEUTSCH-OSTAFRIKA 1894.

70	wie vor, 1894	380,–
71	wie vor, 1895	340,–
72	wie vor, 1896	340,–
73	wie vor, 1897	340,–

> DEUTSCH-OSTAFRIKA 1897/98

| 74 | wie vor, 1897/98 | 380,– |

> DEUTSCH-OSTAFRIKA 1898.

| 75 | wie vor, 1898 | 340,– |

> DEUTSCH-OSTAFRIKA 1899.

| 76 | wie vor, 1899 | 300,– |

> DEUTSCH-OSTAFRIKA 1900.

| 77 | wie vor, 1900 | 280,– |

> DEUTSCH-OSTAFRIKA 1901.

| 78 | wie vor, 1901 | 280,– |

> DEUTSCH-OSTAFRIKA 1902.

| 79 | wie vor, 1902 | 250,– |

Deutsches Reich

DEUTSCH-OSTAFRIKA 1903

80	wie vor, 1903	250,–

DEUTSCH-OSTAFRIKA 1905/07

81	wie vor, 1905/07	275,–
82	wie vor, 1911	250,–
83	wie vor, 1912	225,–

SÜDWESTAFRIKA 1893/95

84	SÜDWEST-AFRIKA 1893/95	425,–
85	wie vor, 1896	330,–
86	wie vor, 1897	280,–

SÜDWESTAFRIKA 1897/98

87	wie vor, 1897/98	330,–
88	wie vor, 1901	280,–
89	wie vor, 1903/04	225,–
90	KAMERUN 1884	415,–
91	wie vor, 1886/91	400,–
92	wie vor, 1889	380,–
93	wie vor, 1890	380,–

KAMERUN 1891

94	wie vor, 1891	250,–
95	wie vor, 1891/94	380,–
96	wie vor, 1893	350,–

KAMERUN 1895/96

97	wie vor, 1895/96	290,–
98	wie vor, 1897	290,–

99	wie vor, 1898	280,–

KAMERUN 1898/99

100	wie vor, 1898/99	330,–
101	wie vor, 1899	225,–
102	wie vor, 1899/1900	275,–
103	wie vor, 1900	200,–

KAMERUN 1900/01

104	wie vor, 1900/01	200,–
105	wie vor, 1901	200,–

KAMERUN 1901/02

106	wie vor, 1901/02	200,–

KAMERUN 1902

107	wie vor, 1902	180,–

KAMERUN 1902/03

108	wie vor, 1902/03	225,–
109	wie vor, 1903	180,–
110	wie vor, 1904	180,–
111	wie vor, 1904/05	225,–

KAMERUN 1905

112	wie vor, 1905	180,–
113	wie vor, 1906	130,–

KAMERUN 1906/07

114	wie vor, 1905/07	225,–
115	wie vor, 1906/07	180,–

116	wie vor, 1907/08	180,–
117	wie vor, 1911	160,–
118	wie vor, 1912	160,–
119	SAMOA 1888	500,–
120	VENEZUELA 1902/03	365,–
121	PONAPE 1910/11	275,–
122	TOGO 1894/95	425,–
123	wie vor, 1895	425,–
124	wie vor, 1896	425,–
125	wie vor, 1896/97	425,–
126	wie vor, 1897	425,–
127	wie vor, 1897/98	425,–
128	wie vor, 1898	380,–
129	wie vor, 1898/99	380,–
130	wie vor, 1899	380,–
131	wie vor, 1900	380,–
132	wie vor, 1900/01	380,–

133	wie vor, 1901	330,–
134	wie vor, 1902	310,–
135	wie vor, 1903	310,–
136	**DEUTSCH-NEUGUINEA 1893**	500,–
137	wie vor, 1897	500,–
138	wie vor, 1899	450,–
139	wie vor, 1900	450,–
140	wie vor, 1901	450,–
141	wie vor, 1902	400,–
142	wie vor, 1903	400,–
143	wie vor, 1904	360,–
144	wie vor, 1905	330,–
145	wie vor, 1906	330,–
146	wie vor, 1907	330,–
147	wie vor, 1908	330,–
148	wie vor, 1909	280,–
149	wie vor, 1910	280,–
150	wie vor, 1911	280,–
151	wie vor, 1912	225,–
152	wie vor, 1913	225,–
153	wie vor, 1913/14	280,–

Kriegsverdienstmedaillen

154 Kriegerverdienstmedaille 1. Klasse
in Gold, 1892 – 1919, auch für farbige
Offiziere und Mannschaften G 7.150,–
Sv 2.640,–

155 wie vor, 1. Klasse in Silber, auch
für farbige Offiziere 2.640,–

156 Kriegerverdienstmedaille 2. Klasse
in Gold, 1892 – 1919, auch für farbige
Offiziere und Mannschaften 325,–

157 wie vor, 2. Klasse in Silber für
farbige Unteroffiziere und Mannschaften 145,–

| 158 | wie vor, 2. Klasse, RS »KRIEGS/VERDIENST« | 440,– |

Erinnerungsmedaillen

159	Helvetia-Benigna Medaille, 1917 – 1919, große Ausführung, nt	6.050,–
160	wie vor, kleine Ausführung mit Öse	5.830,–
161	kleine Ausführung als Brosche	990,–

Waffenabzeichen der Marine

| 162 | Abzeichen für Marineflugzeugführer von Seeflugzeugen, 1913 | 980,– |

26 *Deutsches Reich*

163   wie vor, für Landflugzeuge, 1915   1.090,–

164   Abzeichen für Beobachter auf
      Marineflugzeugen, 1915   990,–

165   Erinnerungsabzeichen für Marineflugzeug-
      Führer und -Beobachter, 1916   690,–

Deutsches Reich 27

166 U-Boots-Kriegsabzeichen, 1918   310,–

Waffenabzeichen der Fliegertruppe

167 Abzeichen für Militär-Flugzeugführer, 1913   675,–

168 Abzeichen für Beobachter, 1914   630,–
169 Flieger-Erinnerungszeichen, 1914   850,–

170   Flieger-Erinnerungszeichen, 1916   760,–

171   Abzeichen für Fliegerschützen, 1918   815,–
172   Ehrenbecher »Dem.Sieger.im.Luftkampf.«, 1916   8.950,–

Verwundetenabzeichen

Armee und Kolonialtruppen

173	Verwundetenabzeichen in Gold für fünf- und mehrmalige Verwundung, 1918	90,–

174	wie vor, durchbrochen	100,–
175	wie vor, Schraube mit Gegenplatte	170,–
176	wie vor, Silber für drei- und viermalige Verwundung	75,–
177	wie vor, durchbrochen	75,–
178	wie vor, Schraube mit Gegenplatte	170,–
179	wie vor, in Schwarz für ein- und zweimalige Verwundung	20,–
180	wie vor, durchbrochen	30,–
181	wie vor, Schraube mit Gegenplatte	65,–

Marine

182	Verwundetenabzeichen in Gold für fünf- und mehrmalige Verwundung, 1918	455,–
183	wie vor, in Silber für drei- und viermalige Verwundung	220,–
184	wie vor, in Schwarz für ein- und zweimalige Verwundung	155,–

Brieftaubenwesen

185	entfällt	
186	Eiserne Medaille, 1918, nt	145,–

Weimarer Republik 1918–1933

Weimarer Republik

Schlesisches Bewährungsabzeichen »Schlesischer Adler«

187 1. Stufe, 1919, Steckabzeichen, geschwärzt
oder bräuniert   115,–

188 2. Stufe, 1919, am Band, geschwärzt oder
bräuniert   90,–

189 Abzeichen für Verdienste um die Kolonien,
1921 – 1939, Steckabzeichen, silberfarben   165,–

Weimarer Republik 33

190 Kampfwagen-Abzeichen, 1921 – 1923   2.090,–

191 Erinnerungsabzeichen für die Besatzung der
     Heeresluftschiffe, 1920 – 1922   1.320,–

192 wie vor, für die Besatzungen der Marine-
     luftschiffe, 1920 – 1922   1.240,–

Sportabzeichen

193 Deutsches Turn- und Sportabzeichen in
     Gold, 1913   130,–

194	wie vor, in Bronze, 1913	30,–
195	wie vor, in Silber, 1920	75,–
196	Deutsches Reiter- und Fahrabzeichen, 1916 – 1929	*

Freie Stadt Danzig

197	Danziger Kreuz 1. Klasse, 1939, Steckkreuz	1.760,–

198	wie vor, 2. Klasse, am Band	715,–
199	Medaille »Für Rettung aus Lebensgefahr«, 1927	1.430,–
200	Erinnerungszeichen »Verdienst um das Feuer-Löschwesen«, 1932	1.100,–
201	Feuerwehr-Ehrenzeichen, 1. Stufe	2.145,–
202	wie vor, 2. Stufe	1.540,–
203	Treudienst-Ehrenzeichen für 50 Jahre, Sonderstufe	2.335,–
204	wie vor, für 40 Jahre, 1. Stufe	1.540,–
205	wie vor, für 25 Jahre, 2. Stufe	1.210,–
206	Polizei-Dienstauszeichnung für 25 Jahre, 1. Stufe	1.680,–
207	wie vor, für 18 Jahre, 2. Stufe	1.165,–
208	wie vor, für 8 Jahre, 3. Stufe, Medaille	1.045,–

209	Ehrenzeichen des Roten Kreuzes, 1. Modell ohne Hakenkreuz, am Band	1.045,–
210	wie vor, 2. Modell, mit Hakenkreuz, Steckkreuz	1.770,–
211	Verdienstkreuz des Roten Kreuzes, 1. Klasse, Steckkreuz	1.320,–
212	wie vor, 2. Klasse, am Band	815,–
213	entfällt	
214	Ehrennadel der SS-Heimwehr Danzig, emailliert	1.760,–

Deutsches Reich
1933 – 1945

Verdienstorden vom Deutschen Adler
Deutscher Adlerorden (DAO), Klasseneinteilung vom 27. Dezember 1943

215	Großkreuz mit Brillanten (Kleinod ohne Brillanten), 66 mm	*
216	Goldener Bruststern zum Großkreuz mit Brillanten, 91 mm, acht Strahlen	*
217	Goldenes Großkreuz, 66 mm	27.500,–
218	Goldener Bruststern zum Goldenen Großkreuz, 91 mm, acht Strahlen	23.100,–
219	Großkreuz, 60 mm, Ring	11.550,–

220	wie vor, an der Agraffe	7.700,–

221	Bruststern zum Großkreuz, 80 mm, acht Strahlen	7.175,–
222	Großkreuz mit Schwertern, 60 mm, mit Ring	11.440,–

223 wie vor, an der Agraffe   8.690,–

224 Bruststern zum Großkreuz mit Schwertern,
     80 mm, acht Strahlen   7.095,–

225 DAO 1. Klasse, 50 mm   3.410,–
226 Bruststern zum DAO 1. Klasse, 80 mm,
     acht Strahlen   6.490,–
227 DAO 1. Klasse mit Schwertern, 50 mm   5.940,–
228 Bruststern zum DAO 1. Klasse mit Schwertern,
     80 mm, acht Strahlen   7.120,–
229 DAO 2. Klasse, 50 mm, am Ring, Halsdekoration   2.585,–
230 wie vor, an der Agraffe   2.255,–

231 Bruststern zum DAO 2. Klasse, 75 mm, sechs
     Strahlen   3.685,–

232 DAO 2. Klasse mit Schwertern, 50 mm, nur
     mit Agraffe, Halsdekoration   2.420,–

233 Bruststern zum DAO 2. Klasse mit Schwertern,
     75 mm, sechs Strahlen   4.040,–
234 DAO 3. Klasse, 50 mm, am Ring, Halsdekoration   2.585,–
235 wie vor, an der Agraffe   2.365,–

| 236 | DAO 3. Klasse mit Schwertern, 50 mm, Halsdekoration | 3.080,– |

| 237 | DAO 4. Klasse, 50 mm, Steckkreuz | 1.925,– |
| 238 | DAO 4. Klasse mit Schwertern, 50 mm, Steckkreuz, Schwerter 34 mm | 2.585,– |

| 239 | wie vor, Schwerter 38 mm | 2.585,– |
| 240 | DAO 5. Klasse, 45 mm, am Ring, Banddekoration | 1.805,– |

| 241 | wie vor, an der Agraffe | 1.595,– |

242 DAO 5. Klasse mit Schwertern, 45 mm,
Banddekoration 1.840,–

243 Deutsche Silberne Verdienstmedaille, 38 mm,
»Frakturschrift« 825,–

244 wie vor, »Blockschrift« 1.340,–
245 Deutsche Silberne Verdienstmedaille mit
Schwertern, 38 mm, »Frakturschrift« 1.075,–

Deutsches Reich (Drittes Reich) 43

246	wie vor, »Blockschrift«	1.815,–
247	Deutsche Brozene Verdienstmedaille, 38 mm, »Blockschrift«	460,–
248	wie vor, mit Schwertern	770,–

Deutscher Nationalpreis für Kunst und Wissenschaft

249	Schärpe mit Rosette	*
250	Bruststern mit Brillanten	*

Deutscher Orden, 1942 – 1945

251	1. Klasse, Goldenes Kreuz mit Lorbeerkranz und Schwertern, Halsdekoration	*
252	2. Klasse, Goldenes Kreuz, Halsdekoration	*
253	wie vor, mit Eichenlaub und Schwertern, Halsdekoration	*

254	3. Klasse, Steckkreuz	*

Zivile Ehrenzeichen

255	Rettungsmedaille am Band, 1937	600,–
256	Erinnerungsmedaille für Rettung aus Gefahr, nt	880,–
257	Feuerwehr-Ehrenzeichen 1. Klasse, 1936 – 1938, Steckkreuz, emailliert	2.700,–
258	wie vor, 1. Klasse, ab 1938, am Band, emailliert	790,–
259	wie vor, 2. Klasse, ab 1936, am Band, emailliert	190,–

260	entfällt	
261	wie vor, 2. Stufe mit goldenem Eichenkranz »40«	*
262	Reichsgrubenwehr-Ehrenzeichen, Steckabzeichen, rund, 1936	2.610,–

Deutsches Reich (Drittes Reich) 45

263 Grubenwehr-Ehrenzeichen, am Band, 1938 400,–

264 Luftschutz-Ehrenzeichen, 1. Stufe, am Band, 1938 1.160,–

265 wie vor, 2. Stufe, am Band 90,–

Mutterkreuz

266 Ehrenkreuz der Deutschen Mutter, 1. Modell,
1938 – 1939, »Das/Kind adelt/die Mutter«, in Gold 3.300,–

267 wie vor, in Silber 2.500,–
268 wie vor, in Bronze 2.000,–

269 Ehrenkreuz der Deutschen Mutter, 2. Modell,
1939 – 1945, »16./Dezember/1938« in Gold 75,–
270 wie vor, in Silber 55,–
271 wie vor, in Bronze 40,–

Deutsches Reich (Drittes Reich) 47

Anschlußmedaillen

Österreich

272 Medaille zur Erinnerung an den 13. März 1938 — 85,–

Sudetenland

273 Medaille zur Erinnerung an den 1. Oktober 1938 — 50,–

274 wie vor, mit Spange »Prager Burg« — 140,–

48 *Deutsches Reich (Drittes Reich)*

Memelland

275 Medaille zur Erinnerung an die Heimkehr
des Memellandes, 1939   200,–

Schutzwall

276 Deutsches Schutzwall-Ehrenzeichen, 1939   25,–
277 Spange »1944« zum Deutschen Schutzwall-Ehren-
zeichen, Verleihungen nicht nachgewiesen   *

Dienstauszeichnungen

278	Treudienst-Ehrenzeichen, Sonderstufe mit der Zahl »50«, 1938	340,–
279	wie vor, 1. Stufe für 40 Jahre	60,–
280	wie vor, mit Eichenlaub, für 50 Dienstjahre, 1944	*

281	wie vor, 2. Stufe für 25 Jahre	35,–

Polizei

282	Polizei-DA 1. Stufe mit Eichenlaub und der Zahl »40«, Verleihungen fraglich	*

Deutsches Reich (Drittes Reich)

283 wie vor, 1. Stufe für 25 Jahre treue Dienstleistungen, Kreuz — 195,–
284 wie vor, 2. Stufe für 18 Jahre, Kreuz — 175,–

285 wie vor, 3. Stufe für 8 Jahre, Medaille — 110,–

Zoll

286 Zollgrenzschutz-Ehrenzeichen, 1939, Kreuz — 275,–

Deutsches Reich (Drittes Reich) 51

RAD-männlich

287 DA 1. Stufe für 25 Jahre treue Dienstleistung,
 1938, ovale Medaille 660,–
288 wie vor, 2. Stufe für 18 Jahre treue Dienstleistung 440,–

289 wie vor, 3. Stufe für 12 Jahre treue Dienstleistung 275,–
290 wie vor, 4. Stufe für 4 Jahre treue Dienstleistung 120,–

RAD-weiblich

291 DA 1. Stufe für 25 Jahre treue Dienstleistung,
 1938, ovale Medaille 840,–
292 wie vor, 2. Stufe für 18 Jahre treue Dienstleistung 580,–
293 wie vor, 3. Stufe für 12 Jahre treue Dienstleistung 400,–
294 wie vor, 4. Stufe für 4 Jahre treue Dienstleistung 250,–

Dienstnadeln

295 Dienstnadel für Eisenbahnerinnen,
 Goldstufe, für 10 Dienstjahre, 1944 850,–
296 wie vor, Silberstufe für 6 Dienstjahre 570,–
297 wie vor, Bronzestufe für 3 Dienstjahre 410,–
298 Treudienstnadel für Arbeiter und Angestellte
 von Heer und Kriegsmarine 270,–
299 Silberspange für SS-Helferinnen, Leistungs-
 abzeichen 5.775,–

Ehrenzeichen des Deutschen Roten Kreuzes

Ausgabe 1922 – 1934

300	Ehrenzeichen 1. Klasse, Kreuz, emailliert, Halsdekoration	1.095,–
301	wie vor, 2. Klasse, Banddekoration	260,–

Ausgabe 1934 – 1937

302	Bruststern, vier Strahlen	3.100,–

303	Kreuz 1. Klasse, Halsdekoration	1.475,–

Deutsches Reich (Drittes Reich) 53

304	Verdienstkreuz, Steckkreuz, gewölbt	850,–
305	Ehrenzeichen am Band, Adler eingelassen	270,–
306	Ehrenzeichen an der Damenschleife, Adler eingelassen	350,–

Ausgabe 1937 – 1939

307	Großkreuz	*
308	Bruststern zum Großkreuz, vier Strahlen	*
309	Kreuz 1. Klasse mit Brillanten	*

310	Kreuz 1. Klasse, Halsdekoration	2.070,–
311	Bruststern zum Kreuz 1. Klasse	*
312	Verdienstkreuz, Steckkreuz	1.090,–
313	Kreuz 2. Klasse, am Band	320,–
314	Ehrenzeichen an der Damenschleife	380,–
315	Medaille des Deutschen Roten Kreuzes	275,–
316	Anerkennungsmedaille für 10jährige Dienste	450,–

Ehrenzeichen für Deutsche Volkspflege

317	Sonderstufe ohne Schwerter, Halsdekoration	*
318	Bruststern zur Sonderstufe	*
319	1. Stufe, mit Brillanten, Halsdekoration	*

320	1. Stufe, Halsdekoration	2.225,–

321	2. Stufe, Steckkreuz	960,–

322	3. Stufe, am Band	435,–
323	wie vor, mit Schwertern auf dem Bande	420,–

Deutsches Reich (Drittes Reich) 55

| 324 | Medaille, altsilbern patiniert | 90,– |
| 325 | wie vor, mit Schwertern auf dem Bande | 190,– |

DRK-Schwesternkreuze

| 326 | Schwesternkreuz für die Generaloberin | 2.250,– |

| 327 | wie vor, für Oberinnen, an der goldenen Kette | 720,– |

56 *Deutsches Reich (Drittes Reich)*

328 wie vor, für Schwestern nach 25 Dienst-
jahren, an der silbernen Kette   480,–
329 wie vor, für Schwestern nach 10 Dienstjahren   340,–

Sportehrenzeichen

330 Deutsches Olympia-Ehrenzeichen 1. Klasse,
1936, Halsdekoration   2.700,–
331 wie vor, 2. Klasse, am Band   865,–

Deutsches Reich (Drittes Reich) 57

332	wie vor, Erinnerungsmedaille	175,–
333	Olympia-Siegernadel des Deutschen Reichsbundes für Leibesübungen, Goldstufe	1.665,–
334	wie vor, Silberstufe	1.305,–
335	wie vor, Bronzestufe	945,–

Reichssportabzeichen

DRA – ohne Hakenkreuz

336	Reichssportabzeichen, bis 1933, in Gold	115,–
337	wie vor, in Silber	70,–
338	wie vor, in Bronze	55,–

58 Deutsches Reich (Drittes Reich)

339 entfällt
340 entfällt
341 entfällt
342 entfällt

DRL – mit Hakenkreuz

343	Reichssportabzeichen in Gold	100,–
344	wie vor, in Silber	60,–
345	wie vor, in Bronze	35,–
346	Versehrten-Sportabzeichen, 1942	245,–
347	Reichjugendsportabzeichen für Jungen, ohne Hakenkreuz, Nadel	70,–
348	wie vor, fünf Mädchen, Brosche	100,–
349	Reichsjugendsportabzeichen für Jungen, mit Hakenkreuz, Nadel	70,–
350	wie vor, für Mädchen, Brosche	95,–

Deutsches Reich (Drittes Reich) 59

351	Schwerathleten-Abzeichen in Gold	1.205,–
352	wie vor, in Silber	925,–
353	wie vor, in Bronze	710,–
354	Medaille des Reichssportführers	230,–

Meisterschafts- und Leistungsabzeichen DRL/NSRL

1937 und 1938 = DRL
1939 bis 1944 = NSRL

355	Meisterschaftsabzeichen, 1937, in Gold	*
356	wie vor, 1938	*
357	wie vor, 1939	610,–
358	wie vor, 1940	615,–
359	wie vor, 1941	Sv 450,–
360	wie vor, 1941	Br 200,–
361	wie vor, 1942	540,–
362	wie vor, 1943	Sv 595,–
363	wie vor, 1943	S 400,–
364	wie vor, 1944	685,–
365	ohne Jahreszahl	620,–
366	Leistungsabzeichen, 1937, in Silber	350,–
367	wie vor, 1938	365,–
368	wie vor, 1939	340,–
369	wie vor, 1940	340,–
370	wie vor, 1941	340,–
371	wie vor, 1942	340,–

372	wie vor, 1943	335,–
373	wie vor, 1944	*
374	ohne Jahreszahl	425,–
375	Leistungsabzeichen, 1937, in Bronze	210,–
376	wie vor, 1938	160,–
377	wie vor, 1939	160,–
378	wie vor, 1940	145,–
379	wie vor, 1941	155,–
380	wie vor, 1942	135,–
381	wie vor, 1943	190,–
382	wie vor, 1944	240,–
383	ohne Jahreszahl	325,–

Reiterei

384	Deutsches Reiterabzeichen 1. Klasse in Gold, ab 1930	790,–

385	wie vor, 2. Klasse in Silber	310,–
386	wie vor, 3. Klasse in Bronze	110,–
387	wie vor, übergroße Ausführung für Reitställe, schraubbar, nt	430,–
388	Deutsches Jugend-Reiterabzeichen, 1932	225,–
389	Deutsches Fahrerabzeichen 1. Klasse in Gold, 1930	430,–
390	wie vor, 2. Klasse in Silber	325,–

391	wie vor, 3. Klasse in Bronze	195,–
392	Deutsches Pferdepflegerabzeichen 1. Klasse in Gold, 1933	495,–
393	wie vor, 2. Klasse in Silber	415,–
394	wie vor, 3. Klasse in Bronze	260,–
395	Deutsches Reiterführer-Abzeichen, 1937	3.445,–

Motorsport

396	Deutsches Motorsportabzeichen, 1. Stufe in Gold, 1938	1.980,–
397	wie vor, 2. Stufe in Silber	1.705,–
398	wie vor, 3. Stufe in Eisen, patiniert	1.100,–

SA und SS

399	SA-Wehrabzeichen in Gold, 1933	440,–
400	wie vor, in Silber	220,–
401	wie vor, in Bronze	60,–

402	SA-Wehrabzeichen für Kriegsversehrte, 1943	495,–
403	SA-Wehrabzeichen für Wassereinheiten	2.970,–
404	SA-Reiterführerabzeichen	3.960,–
405	Germanische Leistungsrune in Silber, 1943	2.915,–
406	wie vor, in Bronze	1.840,–

Deutsches Reich (Drittes Reich) 63

HJ, Jungvolk und BDM

HJ-Leistungsabzeichen

407	3. Stufe in Silber, für 17jährige und älter, 1934	110,–
408	wie vor, 2. Stufe in Bronze für 16jährige	90,–
409	wie vor, 1. Stufe in Eisen für 15jährige, patiniert	80,–
410	wie vor, 3. Stufe, Eisenblech-Hohlprägung, erste Ausführung	115,–

Sportabzeichen

411	Goldenes Führersportabzeichen der HJ, 1937, emailliert	530,–
412	Goldene Ehrennadel des Deutschen Jugendmeisters, VS »JUGEND-MEISTER«	*

64 *Deutsches Reich (Drittes Reich)*

413	wie vor, silberne Ehrennadel, VS »KAMPF-SPIELE«	810,–
414	wie vor, bronzene Ehrennadel	720,–
415	HJ-Ehrennadel der Reichssieger, 1. Sieger in Gold	1.575,–
416	wie vor, 2. Sieger in Silber	1.100,–
417	wie vor, 3. Sieger in Bronze	945,–

Schießauszeichnungen

418	HJ-Schießauszeichnung, 1936	65,–
419	Schießauszeichnung für Scharfschützen, 1938	180,–
420	HJ-Schießauszeichnung für Meisterschützen, 1941	620,–
421	HJ-Skiführerabzeichen	2.000,–

422	Leistungsabzeichen des Deutschen Jungvolks, in Silber, 1935	85,–
423	wie vor, patinierte Ausführung, nur 1935 verliehen	320,–

424 Schießauszeichnung des Deutschen Jungvolks, 1939 — 105,–
425 BDM-Leistungsabzeichen in Silber, 1934 — 340,–

426 wie vor, in Bronze — 200,–

427 Jungmädel-Leistungsabzeichen — 320,–

Tätigkeitsabzeichen der Polizei

428 Gendamerie-Hochalpinistenabzeichen, emailliert — 2.700,–
429 Gendamerie-Alpinistenabzeichen, emailliert — 2.700,–
430 Polizei-Skiführerabzeichen — 2.700,–
431 Polizei-Bergführerabzeichen, emailliert — 2.700,–
432 Bergwacht Hilfspolizeiabzeichen, emailliert — 2.700,–

Luftfahrt

Freiballonführer

433	Abzeichen für Freiballonführer, 1929 – 1932, DLV	*
434	Abzeichen für Freiballonführer, 1932 – 1933, DLV, in Gold	2.780,–
435	wie vor, in Silber	2.365,–
436	wie vor, in Bronze	2.170,–
437	Abzeichen für Freiballonführer, 1933 – 1938, DLV, VS mit Schwinge und Hakenkreuz	2.200,–

438	Abzeichen für Freiballonführer, 1938 – 1945, NSFK, VS geflügelter Mensch	3.025,–

Motorflieger

439	Abzeichen für Motorflugzeugführer, 1938 – 1939, NSFK, gestickt	1.980,–

Deutsches Reich (Drittes Reich) 67

440 wie vor, ab 1939, VS Propellerflugzeug   2.420,–

441 wie vor, VS geflügelter Mensch sowie Adler   2.860,–

Segelflieger

442 Großes NSFK-Segelfliegerabzeichen,
     1942, emailliert   2.100,–

443	Gleitflieger-Abzeichen, A-Stufe	120,–
444	Segelflieger-Abzeichen, B-Stufe	155,–
445	wie vor, C-Stufe	200,–
446	wie vor, Silber C-Stufe	350,–
447	wie vor, Gold C-Stufe	640,–
448	wie vor, Gold C-Stufe mit Brillanten	*

Modellflug

449	NSFK Modellflug-Leistungsabzeichen in Gold, A-Stufe, 1. Modell, hochoval	2.200,–
450	wie vor, in Silber, B-Stufe	1.430,–
451	wie vor, in Bronze, C-Stufe	870,–
452	NSFK Modellflug-Leistungsabzeichen in Gold, 2. Modell, rund	2.310,–
453	wie vor, in Bronze	1.265,–

NSFK

454	Abzeichen für fördernde Mitglieder	70,–

DLV

455	Bordfunkerabzeichen	440,–
456	Abzeichen für Flugzeugführer	400,–

SA

457	Bordfunker (Orter) Abzeichen	890,–
458	Flugzeugführerabzeichen	715,–
459	Fliegerabzeichen	*
460	SA-SS Fliegerabzeichen	1.770,–

Zivilflug

461	Spange für Zivilbeobachter	1.540,–
462	Spange für Zivilflieger, emailliert	1.980,–
463	Treueabzeichen der Luftfahrtindustrie	385,–

Deutsche Akademie für Luftfahrtforschung

464	Amtskette der Präsidialmitglieder	*
465	Abzeichen für ordentliche Mitglieder, Dekoration am Kettchen	6.000,–
466	wie vor, kleine Dekoration, Nadel	750,–

467	Abzeichen für fördernde Mitglieder, Dekoration am Kettchen	*
468	wie vor, kleine Dekoration, Nadel	*
469	Abzeichen für korrespondierende Mitglieder, Dekoration am Kettchen	4.500,–
470	wie vor, kleine Dekoration, Nadel	750,–

70 *Deutsches Reich (Drittes Reich)*

Auszeichnungen der NSDAP

471 Ehrenzeichen vom 9. November 1923,
   1. Typ mit Signatur »990/J. FUESS MÜNCHEN«,
   1934 – 1938   3.950,–

472 Ehrenzeichen vom 9. November 1923,
   2. Typ »800« ohne Signatur, ab 1938   3.400,–
473 NSDAP-Verdienstabzeichen, schwarzer
   Stoff mit gestickter Jahreszahl,
   60 x 100 mm, gestiftet 1931
   »1925«   120,–
   »1926«   115,–
   »1927«   115,–
   »1928«   90,–
   »1929«   110,–
   »1930«   110,–
   »1931«   90,–
   »1932«   80,–
   »1933«   80,–

Goldenes Ehrenzeichen der NSDAP – 30 mm

474	Goldenes Ehrenzeichen der NSDAP/1933, verbödet, Broschierung senkrecht, oberes Drittel: GES.GESCH.	735,–
475	wie vor, Broschierung waagerecht, Mitgliedsnummer unten	565,–
476	wie vor, Broschierung waagerecht, darauf DESCHLER SOHN/MÜNCHEN 9	570,–
477	wie vor, verbödet, Broschierung senkrecht, oberes Drittel GES.GESCH. Gravur A. Hitler und Datum	900,–

Goldenes Ehrenzeichen der NSDAP – 24 mm

478 Broschierung waagerecht, JOS.FUESS/MÜNCHEN 480,–

72 *Deutsches Reich (Drittes Reich)*

479 wie vor, verbödet, Broschierung senkrecht,
    oberes Drittel GES.GESCH.   365,–
480 wie vor, verbödet, Broschierung waagrecht,
    untere Hälfte Datum und A. Hitler   2.200,–
481 Parteiabzeichen in Gold für Ausländer   4.000,–

482 Frontbannabzeichen, 1932, patiniert   1.125,–

483 Gau-München, Erinnerungsabzeichen, 1939   170,–

484 Coburger Abzeichen, 1932, Steckabzeichen   2.555,–

Parteitag Nürnberg

485	Nürnberger Parteitagsabzeichen 1929, hohl gepreßte Ausführung	250,–
486	wie vor, massive Ausführung, ab 1934	250,–
487	wie vor, vergoldete Ausführung	260,–
488	wie vor, versilberte oder bräunierte Ausführung	225,–
489	wie vor, massive Ausführung, feldgrau	265,–
490	wie vor, 35 mm, nt	370,–

SA-Treffen Braunschweig 1931

491	ovaler Schild, hohl gepreßt	810,–

492	wie vor, massive Ausführung	180,–
493	wie vor, rundes Abzeichen, hohl gepreßt, RS querliegende Broschierung	685,–

74 *Deutsches Reich (Drittes Reich)*

494 Gau-Abzeichen für die Mitgliedschaft in der
 NSDAP, seit 1923
 Gaue: Sachsen, Bayerische Ostmark, Franken,
 Halle-Merseburg, Hessen-Nassau, Magdeburg-
 Anhalt, Mecklenburg und Lübeck 2.000,–
495 wie vor, für die Mitgliedschaft in der NSDAP,
 seit 1925 1.800,–

Berlin

496 Gau-Traditionsabzeichen, 1936, in Gold 2.520,–

497 wie vor, in Silber 2.000,–

Essen

498 Gau-Traditionsabzeichen, 1935, in Gold *
499 wie vor, in Silber 1.415,–

Ostpreußen

500 Gau-Ehrenzeichen, 1938, patiniert 2.860,–

Danzig-Westpreußen

501 Traditions-Gau-Abzeichen, 1939,
zwei Ausführungen 3.690,–

Baden

502	Gau-Ehrenzeichen, 1933, in Gold, oval	2.180,–

503	wie vor, in Silber	1.720,–
504	wie vor, als Brosche für Frauen, in Gold	2.095,–
505	wie vor, in Silber	1.350,–
506	wie vor, runde Ausführung in Gold, 27 mm	2.060,–
507	wie vor, in Silber	1.440,–

Thüringen

508	Traditions-Gau-Abzeichen in Gold	4.050,–

509	wie vor, in Silber	3.000,–
510	wie vor, in Bronze	1.800,–

Osthannover

511	Traditionsabzeichen in Gold, 1933	2.995,–
512	wie vor, in Silber, patiniert	1.890,–
513	wie vor, in Bronze, altgetönt	830,–

Wartheland

514	Gau-Traditionsabzeichen, 1939/1940, emailliert	4.000,–
515	wie vor, verkleinerte Ausführung, 24 mm	1.000,–
516	wie vor, mit Brillanten	*

Sudetenland

517	Gau-Ehrenzeichen, 1943, patiniert	2.655,–

Weser-Ems

518	Ehrenschild	*

78 *Deutsches Reich (Drittes Reich)*

Dienstauszeichnungen der NSDAP

519 DA in Bronze, 1. Stufe, 1939   180,–

520 DA in Silber, 2. Stufe, emailliert   330,–

521 DA in Gold, 3. Stufe, emailliert   1.925,–

Deutsches Reich (Drittes Reich) 79

Hitlerjugend

522	HJ-Ehrenzeichen, glatter goldener Rand, emailliert	280,–
523	wie vor, Sonderstufe mit Brillanten und Rubinen	*
524	wie vor, mit goldenem Eichenlaubrand, emailliert	*

525	Ehrenzeichen der Reichsjugendführung der HJ für verdiente Ausländer, emailliert	2.375,–

526	Potsdam-Abzeichen, 1932, in Silber	260,–
527	entfällt	
528	Traditionsabzeichen »SCHARNHORST«	*
529	Ehrenzeichen des Jungsturmes Adolf Hitler, 1933	*
530	Silbernes Ehrenzeichen des NS-Studentenbundes, 1934, emailliert	800,–

Reichssieger / Berufswettkampf

531 Siegerabzeichen für 1938, emailliert   1.925,–

532 wie vor, 1939, emailliert   1.900,–

533 wie vor, 1944, ausgemalt   2.035,–

Gausieger/Berufswettkampf

534   Siegerabzeichen für 1938, emailliert   525,–

535   wie vor, 1939, emailliert   385,–

536   wie vor, 1944, ausgemalt   495,–

Kreissieger / Berufswettkampf

537	Siegerabzeichen für 1938, emailliert	320,–

538	wie vor, 1939, emailliert	315,–
538/1	wie vor, 1944, ausgemalt	320,–

539	Ehrenplakette für Mitglieder des Reichs-Kultur-Senats, 1936, emailliert	6.600,–
540	wie vor, verkleinerte Ausführung an der Nadel	770,–

Wirtschaft

541	Dr. Fritz-Todt-Preis in Gold, 1943	3.400,–
542	wie vor, in Silber, patiniert	1.880,–
543	wie vor, in Stahl, bräuniert	2.060,–
544	Pionier der Arbeit, 1940, emailliert	20.000,–

545	Wehrwirtschaftsführer, 1939	1.540,–
546	Ehrenzeichen des Reichsnährstandes in Gold	1.320,–
547	wie vor, in Silber	460,–

Technische Nothilfe

548	Goldenes Nothelferzeichen, Nadel, 1934	95,–
549	Goldene Nothelfernadel mit Kranz	210,–

84 Deutsches Reich (Drittes Reich)

550	Ehrenzeichen der Technischen Nothilfe, 1935 – 1936, emailliert, mit der Jahreszahl 1919	825,–
551	wie vor, 1920	775,–
552	wie vor, 1921	715,–

553	wie vor, 1922	715,–
554	wie vor, 1923	605,–
555	TeNo Jahresärmelband, Goldfaden gewebt, schwarze Unterlage, 1936 – 1944 mit der Jahreszahl 1919	620,–
556	wie vor, 1920	600,–
557	wie vor, 1921	540,–
558	wie vor, 1922	540,–
559	wie vor, 1923	385,–
560	wie vor, 1924	320,–
561	wie vor, 1925	320,–

Militärische Ehrenzeichen

Ehrenkreuz des Weltkrieges 1914 – 1918

562	Ehrenkreuz für Frontkämpfer, 1934, brüniert, mit Schwertern	6,–
563	wie vor, für Kriegsteilnehmer, brüniert, ohne Schwerter	10,–
564	wie vor, für die Witwen und Eltern gefallener Kriegsteilnehmer, geschwärzt	25,–

Spanischer Bürgerkrieg 1936 – 1939

565	Spanienkreuz in Gold mit Schwertern und Brillanten	*

566	Spanienkreuz in Gold mit Schwertern	2.500,–
567	Spanienkreuz in Silber mit Schwertern	1.815,–

86 *Deutsches Reich (Drittes Reich)*

568	Spanienkreuz in Silber	2.700,–
569	Spanienkreuz in Bronze mit Schwertern	780,–
570	Spanienkreuz in Bronze	750,–

| 571 | Ehrenkreuz für Hinterbliebene deutscher Spanienkämpfer | 3.300,– |
| 572 | Panzertruppenabzeichen der Legion Condor, in Gold | * |

Deutsches Reich (Drittes Reich) 87

573	wie vor, in Silber	3.135,–
574	Verwundetenabzeichen für deutsche Freiwillige im spanischen Freiheitskampf, in Gold, 1939, nicht verliehen	300,–

575	wie vor, in Silber	300,–
576	wie vor, in Schwarz	160,–

Eisernes Kreuz 1939 – 1945

577	Großkreuz des Eisernen Kreuzes	*
578	Bruststern zum Großkreuz, nicht verliehen	*
579	Ritterkreuz mit goldenem Eichenlaub, Schwertern und Brillanten	*
580	Ritterkreuz mit Eichenlaub, Schwertern und Brillanten	*
581	Eichenlaub mit Schwertern	10.180,–
582	Eichenlaub	6.000,–

583	Ritterkreuz	4.620,–
584	Eisernes Kreuz 1. Klasse, flache Form, Nadel	170,–
585	wie vor, gewölbte Form, Nadel	180,–

| 586 | Eisernes Kreuz 1. Klasse, Schraube mit Gegenplatte | 190,– |

| 587 | Spange »1939« zum Eisernen Kreuz 1. Klasse 1914, Nadel | 265,– |
| 588 | wie vor, Schraube mit Gegenplatte | 310,– |

Deutsches Reich (Drittes Reich) 89

589 Eisernes Kreuz 1. Klasse 1914 mit angeprägter
     Spange »1939«   1.020,–

590 Eisernes Kreuz 2. Klasse   75,–

591 Spange »1939« zum Eisernen Kreuz 2. Klasse
     1914, Splinte   135,–

Kriegsdenkmünze

592	Kriegsdenkmünze 1939 – 1940	*
593	Kriegsdenkmünze 1939 – 1941	*

Nr. 592 und 593 nicht verliehen

Kriegsverdienstkreuz

594	Goldenes Ritterkreuz mit Schwertern	*
595	Goldenes Ritterkreuz	*

596	Ritterkreuz mit Schwertern	4.300,–
597	Ritterkreuz	5.080,–

598	Kreuz 1. Klasse mit Schwertern, Nadel	125,–
599	wie vor, Schraube mit Gegenplatte	150,–
600	Kreuz 1. Klasse, Nadel	125,–

601   wie vor, Schraube mit Gegenplatte   310,–

602   Kreuz 2. Klasse mit Schwertern, am Band   25,–
603   Kreuz 2. Klasse   25,–

604   Medaille zum KVK, patiniert   25,–

Deutsches Kreuz

605 Deutsches Kreuz in Gold mit Brillanten,
     nicht verliehen   *

606 Deutsches Kreuz in Gold   1.700,–
607 Deutsches Kreuz in Silber   3.000,–

Ehrenblattspangen

608 Ehrenblattspange des Heeres   2.200,–

609 Ehrenblattspange der Luftwaffe   2.965,–

Deutsches Reich (Drittes Reich) 93

610	Ehrentafelspange der Marine	3.850,–

Verwundetenabzeichen

611	Verwundetenabzeichen in Gold, 1. Form, 1939/40	580,–
612	wie vor, in Silber	300,–
613	wie vor, in Schwarz	185,–
614	Verwundetenabzeichen in Gold, 2. Form, 1940, massiv	150,–

615	wie vor, in Silber massiv	65,–
616	wie vor, in Schwarz, hohl gepreßt, geschwärzt	30,–

Verwundetenabzeichen »20. Juli 1944«

617	in Gold, massiv	*
618	in Silber, massiv	*
619	in Schwarz, massiv	*

Winterschlacht

620 Medaille Winterschlacht im Osten
     1941/42, patiniert   35,–

Dienstauszeichnungen Heer und Marine, Wehrmachtadler auf dem Band, in Metall

621 DA 1. Klasse mit goldenem Eichenlaub auf
     dem Band für 40 Dienstjahre   810,–

622 DA 1. Klasse für 25 Dienstjahre   275,–

623 DA 2. Klasse für 18 Dienstjahre   210,–

96 Deutsches Reich (Drittes Reich)

624 DA 3. Klasse für 12 Dienstjahre   90,–

625 DA 4. Klasse für 4 Dienstjahre   60,–

Deutsches Reich (Drittes Reich)

**Dienstauszeichnungen Luftwaffe,
Luftwaffenadler auf dem Band, in Metall**

626	DA 1. Klasse mit goldenem Eichenlaub auf dem Band für 40 Dienstjahre, Kreuz	825,–
627	DA 1. Klasse für 25 Dienstjahre, Kreuz	270,–
628	DA 2. Klasse für 18 Dienstjahre, Kreuz	210,–

629	DA 3. Klasse für 12 Dienstjahre	100,–
630	DA 4. Klasse für 4 Dienstjahre, Medaille Hoheitszeichen in der Farbe des Kreuzes bzw. der Medaille	75,–

SS-Dienstauszeichnungen, SS-Runen auf dem Band, gestickt

631	DA 1. Stufe nach 25jähriger Dienstleistung, Hakenkreuz	*
632	DA 2. Stufe nach 12jähriger Dienstleistung, Hakenkreuz	2.805,–

633	DA 3. Stufe nach 8 jähriger Dienstleistung, getönt	695,–
634	DA 4. Stufe nach 4 jähriger Dienstleistung, Medaille, geschwärzt	450,–

Runen auf dem Band:
1. Stufe vergoldeter Metallfaden
2. Stufe alusilberner Metallfaden

Kampfabzeichen der Wehrmacht

Narvik

635	Ärmelschild in Silber für Heer und Luftwaffe	230,–

636	wie vor, in feldgrauem Anstrich	205,–
637	wie vor, in Gold für die Marine	340,–

Cholm

638	Ärmelschild, silbergrau, 1942	925,–
639	wie vor, feldgrau gespritzt, 1944	925,–

Krim

640	Ärmelschild in Gold	*

641	wie vor, stiftungsmäßige Ausführung in Eisen oder Kriegsmetall	130,–

Demjansk

642	Ärmelschild, silbergrau, patiniert	220,–
643	wie vor, olivgrau oder feldgrau getönt	240,–

Kuban

644	Ärmelschild	125,–

Warschau

645	Ärmelschild, nicht verliehen	*

Lappland

646	Ärmelschild	805,–

Lorient

647	Ärmelschild, 1. Entwurf mit Wehrmachtsadler, nicht offiziell	1.595,–
648	wie vor, 2. Entwurf mit Luftwaffenadler	2.115,–

Ärmelbänder

649	Ärmelband »Kreta«, Filzstoff mit Kunstseide	255,–
650	Ärmelband »Afrika«, brauner Filz, Alu-Tresse	275,–
651	wie vor, Leinen, khakibraun, silbergraue Baumwoll-Tresse	165,–
652	für die Kriegsmarine, dunkelblaues Tuch, gelbe Stickerei	495,–
653	Ärmelband »Metz 1944«, schwarzer Stoff, Metallfadenstickerei	*
654	Ärmelbland »Kurland«, Nesselstoff ungebleicht, Schrift schwarz gestickt, RS hellblaugrau	755,–
655	wie vor, Leinen bedruckt	595,–
	Weitere Stoff- und Beschriftungsarten möglich	

Fahrwesen

656	Kraftfahrbewährungsabzeichen in Gold, 1942	80,–
657	wie vor, in Silber	60,–
658	wie vor, in Bronze	50,–

Kampf- und Tätigkeitsabzeichen des Heeres

659	Nahkampfspange in Gold, 3. Stufe für 50 Nahkampftage	2.915,–
660	wie vor, mit Gegenhäkchen	6.050,–
661	wie vor, in Silber, 2. Stufe für 30 Nahkampftage	360,–

662	wie vor, in Bronze, 1. Stufe für 15 Nahkampftage	260,–

Infanterie-Sturmabzeichen

663	in Silber	70,–
664	wie vor, Hohlprägung	77,–
665	wie vor, in Bronze	85,–
666	wie vor, Hohlprägung	95,–

Allgemeines Sturmabzeichen

667	Sturmabzeichen mit der Einsatzzahl »100«	5.800,–
668	wie vor, mit der Einsatzzahl »75«	3.200,–

669	wie vor, mit der Einsatzzahl »50«	1.220,–
670	wie vor, mit der Einsatzzahl »25«	1.050,–

104 *Deutsches Reich (Drittes Reich)*

671	wie vor, ohne Einsatzzahl	90,–
672	wie vor, Hohlprägung	110,–
673	wie vor, Schraube mit Gegenplatte	205,–

Panzerkampfabzeichen

Ausführung in Silber

674	Panzerkampfabzeichen mit der Einsatzzahl »100«	3.465,–
675	wie vor, mit der Einsatzzahl »75«	3.300,–

676	wie vor, mit der Einsatzzahl »50«	1.430,–
677	wie vor, mit der Einsatzzahl »25«	1.100,–

| 678 | wie vor, ohne Einsatzzahl | 110,– |
| 679 | wie vor, Hohlprägung | 120,– |

Ausführung in Bronze

| 680 | Panzerkampfabzeichen mit der Einsatzzahl »100« | * |

681	wie vor, mit der Einsatzzahl »75«	4.800,–
682	wie vor, mit der Einsatzzahl »50«	2.475,–
683	wie vor, mit der Einsatzzahl »25«	1.520,–

684	wie vor, ohne Einsatzzahl	130,–
685	wie vor, Hohlprägung	140,–

686	Heeres-Flakabzeichen, brüniert	300,–

687	Fallschirmschützen-Abzeichen des Heeres	6.200,–

Panzervernichtung

688	Sonderabzeichen für das Niederkämpfen von Panzerkampfwagen durch Einzelkämpfer, in Gold	1.925,–
689	wie vor, in Schwarz	295,–

Tieffliegervernichtung

690	Tieffliegervernichtungsabzeichen in Gold	*
691	wie vor, in Schwarz	*

Ballonbeobachter

692	Ballonbeobachterabzeichen in Gold, 3. Stufe	*
693	wie vor, in Silber, 2. Stufe	*
694	wie vor, in Bronze, 3. Stufe	3.900,–

Scharfschützen

695	Scharfschützenabzeichen 1. Stufe, gestickt, ohne Kordel	*
696	wie vor, 2. Stufe, gestickt, mit silberner Kordel	*
697	wie vor, 3. Stufe, gestickt	*

Heeresbergführer

698	Abzeichen für Heeresbergführer	3.100,–

Kampf- und Tätigkeitsabzeichen der Kriegsmarine

699	U-Boots-Frontspange in Silber	1.235,–
700	wie vor, in Bronze	940,–

U-Boots-Kriegsabzeichen

701 U-Boots-Kriegsabzeichen mit Brillanten für den BdU Großadmiral Dönitz, Loorbeerkranz und Hakenkreuz mit Brillanten

702 wie vor, mit Brillanten, nur das Hakenkreuz besetzt   25.000,–

703 U-Boots-Kriegsabzeichen 275,–

704 Zerstörer-Kriegsabzeichen 240,–

705 Zerstörer-Kriegsabzeichen mit Brillanten,
   nur Hakenkreuz mit Brillanten *

706 Minensucher-Kriegsabzeichen, U-Boots-
Jagd- und Sicherungsverbände   145,–
707 wie vor, mit Brillanten   *

708 Hilfskreuzer-Kriegsabzeichen mit Brillanten,
nur Hakenkreuz mit Brillanten   *

709 Hilfskreuzer-Kriegsabzeichen   460,–
710 Flotten-Kriegsabzeichen mit Brillanten,
nur Hakenkreuz mit Brillanten   *

Deutsches Reich (Drittes Reich) 111

711 Flotten-Kriegsabzeichen 355,–

712 Schnellboot-Kriegsabzeichen, 1. Modell, 1941,
 Schnellboot im Kranz 1.150,–
713 wie vor, mit Brillanten *

714 wie vor, 2. Modell, 1943, Schnellboot ragt
 über den Kranz hinaus 630,–

715 wie vor, mit Brillanten, nur Hakenkreuz
mit Brillanten   20.350,–

716 Kriegsabzeichen für die Marine-Artillerie   240,–

717 Abzeichen für Blockadebrecher, patiniert   410,–

Deutsches Reich (Drittes Reich) 113

718 Marine-Frontspange, Exemplare aus Bordmitteln 710,–

Kleinkampfmittel

719 Kampfabzeichen der Kleinkampfmittel, 1. Stufe,
goldener, gestickter Sägefisch in ebensolchem
Tauwerk *
720 wie vor, 2. Stufe, goldener, gestickter Sägefisch
in ebensolchem Tauwerk, ein Schwert *
721 wie vor, 3. Stufe, goldener, gestickter Sägefisch
in ebensolchem Tauwerk, zwei gekreuzte Schwerter *
722 wie vor, 4. Stufe, goldener, gestickter Sägefisch
in ebensolchem Tauwerk, drei gekreuzte Schwerter *
723 wie vor, 5. Stufe, Spange mit querliegendem
Sägefisch auf Tauwerk, Verleihungen fraglich *
724 wie vor, 6. Stufe, Verleihungen fraglich *
725 wie vor, 7. Stufe, Verleihungen fraglich *
726 Bewährungsabzeichen der Kleinkampfmittel,
goldener, gestickter Sägefisch *
727 Westwerft-Leistungsabzeichen 485,–

114   *Deutsches Reich (Drittes Reich)*

Kampf- und Tätigkeitsabzeichen der Luftwaffe

Frontflugspangen der Luftwaffe Jäger/Tagjäger

728	Spange in Gold mit Brillanten	*
729	Spange in Gold mit Anhänger und Einsatzzahl	*
730	Spange in Gold mit Anhänger	1.465,–
731	Spange in Gold, Pfeil altsilbern	1.000,–

732	Spange in Silber, Pfeil altsilbern	560,–
733	Spange in Bronze, Pfeil altsilbern	485,–

Nah-Nachtjäger, Lorbeerkranz schwarz

734	Spange in Gold mit Anhänger und Einsatzzahl	*

735	Spange in Gold mit Anhänger	*
736	Spange in Gold	1.305,–
737	Spange in Silber	855,–
738	Spange in Bronze	735,–

Fern-Nachtjäger

739	Spange in Gold mit Anhänger und Einsatzzahl	*
740	Spange in Gold mit Anhänger	1.780,–

741	Spange in Gold	1.055,–
742	Spange in Silber	855,–
743	Spange in Bronze	770,–

Zerstörer

744	Spange in Gold mit Anhänger und Einsatzzahl	*
745	Spange in Gold mit Anhänger	*
746	Spange in Gold	1.320,–
747	Spange in Silber	905,–

748	Spange in Bronze	795,–

Kampf- und Sturzkampfflieger

749	Spange in Gold mit Anhänger und Einsatzzahl	*
750	Spange in Gold mit Anhänger	1.050,–
751	Spange in Gold, Auflage altsilbern	660,–
752	Spange in Silber	480,–
753	Spange in Bronze	440,–

Aufklärer

754	Spange in Gold mit Anhänger und Einsatzzahl	*

755	Spange in Gold mit Anhänger	1.320,–
756	Spange in Gold, Auflage altsilbern	820,–
757	Spange in Silber, Auflage altsilbern	725,–
758	Spange in Bronze, Auflage altsilbern	525,–

Transport- und Luftlandeflieger

759	Spange in Gold mit Anhänger und Einsatzzahl	1.915,–
760	Spange in Gold mit Anhänger	1.430,–
761	Spange in Gold, Auflage altsilbern	825,–
762	Spange in Silber, Auflage altsilbern	610,–
763	Spange in Bronze, Auflage altsilbern	540,–

Schlachtflieger

764	Spange in Gold mit Brillanten und Einsatzzahl »2000«	*
765	Spange in Gold mit Anhänger und Einsatzzahl	*
766	Spange in Gold mit Anhänger	2.410,–

767	Spange in Gold	1.430,–
768	Spange in Silber	990,–
769	Spange in Bronze	715,–

Kampfabzeichen der Luftwaffe

770	Kampfabzeichen der Flakartillerie	240,–

Erdkampfabzeichen

771	Erdkampfabzeichen der Luftwaffe mit Einsatzzahl »100«	*
772	wie vor, mit der Einsatzzahl »75«	*
773	wie vor, mit der Einsatzzahl »50«	*
774	wie vor, mit der Einsatzzahl »25«	*

775	wie vor, ohne Einsatzzahl	210,–

Nahkampfspange

776	Nahkampfspange der Luftwaffe in Gold, 3. Stufe, für 50 Nahkampftage	*
777	wie vor, in Silber, 2. Stufe, für 30 Nahkampftage	*
778	wie vor, in Bronze, 3. Stufe, für 15 Nahkampftage	*

Panzerkampfabzeichen der Luftwaffe

Ausführung in Silber

779	Panzerkampfabzeichen mit der Einsatzzahl »100«	*
780	wie vor, mit der Einsatzzahl »75«	*
781	wie vor, mit der Einsatzzahl »50«	*
782	wie vor, mit der Einsatzzahl »25«	*
783	wie vor, ohne Einsatzzahl	2.090,–

Ausführung in Schwarz

784	Panzerkampfabzeichen mit der Einsatzzahl »100«	*
785	wie vor, mit der Einsatzzahl »75«	*
786	wie vor, mit der Einsatzzahl »50«	*
787	wie vor, mit der Einsatzzahl »25«	*
788	wie vor, ohne Einsatzzahl	2.530,–
789	Seekampfabzeichen der Luftwaffe	*

Tätigkeits- und Leistungsabzeichen der Luftwaffe

Flugzeugführerabzeichen

790 Flugzeugführer-Abzeichen, Prototyp *

791 Ausführung 1936, Kranz vs, Adler mit
Hakenkreuz altsilbern 530,–
792 Ausführung 1937, Kranz naturfarbig eloxiert,
Adler mit Hakenkreuz silbern oxydiert 555,–

Beobachterabzeichen

793 Ausführung 1936, Kranz vs, Adler mit
Hakenkreuz altsilbern oxydiert 745,–

794 Ausführung 1937, Kranz naturfarbig eloxiert,
Adler mit Hakenkreuz altsilbern oxydiert 555,–

Gemeinsames Flugzeugführer- und Beobachterabzeichen

795	1. Modell 1935, patiniert	3.740,–
796	wie vor, in Gold mit Brillanten, 2. Modell, 1. Ausgabe mit weißen Saphiren	50.000,–

Gemeinsames Flugzeugführer- und Beobachterabzeichen

797	wie vor, 2. Ausgabe, Kranz Sv, Adler mit Hakenkreuz S, Steine Simili	27.500,–
798	Ausführung als Brosche mit langer Quernadel, diese mit Brillanten, 1944	*
799	Ausführung 1936, Kranz vg, Adler und Hakenkreuz silbern	1.430,–

800 wie vor, Ausführung 1937, Kranz goldfarbig, Adler und Hakenkreuz alufarbig   1.430,–

Fliegerschützenabzeichen

801	mit Blitzbündel, 1935, Kranz vs, Adler und Blitzbündel altsilbern patiniert	545,–
802	wie vor, ohne Blitzbündel, 1942	750,–

803	wie vor, mit amtlich entferntem Blitzbündel der Nr. 801	530,–
804	wie vor, ohne Blitzbündel, mit schwarzem Kranz, 1944	1.330,–

Fallschirmschützen-Abzeichen

805	Ausführung 1936, Kranz altsilbern oxydiert, Adler und Hakenkreuz vg	480,–

Deutsches Reich (Drittes Reich) 123

806 wie vor, Ausführung 1937, Kranz altsilbern oxydiert,
Adler und Hakenkreuz goldfarbig eloxiert 505,–

807 wie vor, mit Brillanten *

Segelflugzeugführer-Abzeichen

808 Segelflugzeugführer-Abzeichen, 1. Form 2.700,–
809 1940, Kranz und Hakenkreuz hell vs,
Adler silbergrau patiniert 1.920,–

Flieger-Erinnerungsabzeichen

810	Ausführung 1936, Kranz und Hakenkreuz vs, Felsblock und Adler altsilbern oxydiert	2.310,–
811	wie vor, Ausführung 1937, Kranz und Hakenkreuz naturfarbig eloxiert, Felsblock und Adler altsilbern oxydiert	2.575,–

Heimat-Flakartillerie

812	Zivilabzeichen	485,–

Nicht tragbare Auszeichnungen der Luftwaffe

813	Ehrenpokal für besondere Leistungen im Luftkrieg 1940	4.100,–
814	Ehrenschale für hervorragende Kampfleistungen (im Erdkampf)	15.000,–

Medaillen

815	Medaille für ausgezeichnete Leistungen im technischen Dienst der Luftwaffe	660,–
816	Medaille für besondere Leistungen im Luftgau-Belgien-Nordfrankreich, 1944	605,–
817	Medaille für treue Dienstleistungen im Bereich des Feldluftgaukommandos Westfrankreich	605,–

Plaketten und Schilde

818	Plakette für besondere Leistungen im Südostraum, 1. Form: »General und Befehlshaber«	925,–
819	wie vor, 2. Form: »Oberbefehlshaber ...«	*
820	Ehrenplakette für hervorragende technische Leistungen im Süden, 1942	945,–

821	Schild für besondere Verdienste im Einsatz Kreta, 1. Form: Fallschirmjäger-Adler ohne Hakenkreuz, 1941	1.210,–
822	wie vor, 2. Form: Luftwaffenadler, Umriß der Insel	1.075,–
823	wie vor, 3. Form: Fallschirmjäger-Adler mit Hakenkreuz, braun patinierte Einlage	1.085,–
824	Ehrenplakette für besondere Leistungen im Kfz-technischen Dienst der Luftwaffe	1.000,–
825	Ehrenplakette der Luftflotte 1	*

Luftgaue

826	Luftgau II – Verdienstschild für hervorragende Verdienste	1.000,–
827	Luftgau VIII – Ehrenplakette für gute Leistungen	1.350,–
828	Luftgau XI – Eiserner Ehrenschild, 1940 drei verschiedene Größen	1.400,–
829	wie vor, Silberner Ehrenschild, 1942 zwei verschiedene Größen	1.385,–
830	wie vor, in Bronze, 1942	1.035,–
831	Luftgau XII – Ehrenplakette für besondere Leistung	1.100,–
832	Luftgau XII/XIII – Ehrenplakette für besondere Leistungen, 1942	1.420,–
833	Luftgau XVII – Plakette für hervorragende Verdienste, 1944	*
834	Feldluftgau XXX – Plakette für besondere Bewährung, 1944	1.215,–
835	Luftgaukommando Norwegen – Ehrenschild für besondere Leistung, geschwärzt	770,–
836	wie vor, altgolden	*

837	Luftgaustab Finnland – Ehrenplakette für besondere Bewährung, Jahreszahl »1942«	1.200,–
838	wie vor, Jahreszahl »1943«	870,–
839	Luftgau Kiew – Plakette für besondere Bewährung	1.320,–
840	Luftgau Charkow – Plakette für besondere Verdienste	1.220,–

Kampfabzeichen der Waffen-SS und Polizei

841	Bandenkampfabzeichen in Gold mit Brillanten, nicht verliehen	*
842	Bandenkampfabzeichen in Gold, 3. Stufe für 75 bzw. 100 Kampftage	3.135,–

843	wie vor, in Silber, 2. Stufe für 50 bzw. 75 Kampftage	1.980,–
844	wie vor, in Bronze, 1. Stufe für 20 bzw. 30 Kampftage	935,–

Deutsches Reich (Drittes Reich) 127

Auszeichnungen für Ausländer/Freiwilligen-Verbände

Tapferkeits- und Verdienstauszeichnungen für Angehörige der Ostvölker

Ausführung: Für Tapferkeit

845   1. Klasse in Gold mit Schwertern, Steckabzeichen   525,–

846   1. Klasse in Silber mit Schwertern, Steckabzeichen   375,–
847   2. Klasse in Gold mit Schwertern, am Band   220,–

848   2. Klasse in Silber mit Schwertern, am Band   150,–
849   2. Klasse in Bronze mit Schwertern, am Band   115,–

128 *Deutsches Reich (Drittes Reich)*

Ausführung: Für Verdienst

850	1. Klasse in Gold, Steckabzeichen	310,–
851	1. Klasse in Silber, Steckabzeichen	230,–
852	2. Klasse in Gold, am Band	180,–

853	2. Klasse in Silber, am Band	145,–
854	2. Klasse in Bronze, am Band	115,–

855	Erinnerungsmedaille für die spanischen Freiwilligen der Blauen Division, 1944	230,–
856	Deutsch-italienische Feldzugsmedaille Afrika, in Silber	150,–
857	wie vor, in Bronze	125,–

Deutsches Reich (Drittes Reich) 129

858 Deutsch-finnisches Nordfront-Kreuz 1941,
schwarz emailliert, Schraubscheibe 275,–
858/1 wie vor, blau emailliert 275,–

Deutsche Demokratische Republik 1949–1990

Orden

859	Karl-Marx-Orden, 1953, Gold 900, mit Verleihungsnummer	10.000,–

860	wie vor, Gold 900, ohne Verleihungsnummer	5.000,–
861	wie vor, Gold 333	3.000,–
862	Ehrenspange zum Vaterländischen Verdienstorden, 1965, Gold [siehe Seite 133]	7.500,–
863	wie vor, Buntmetall, vergoldet	550,–
864	Vaterländischer Verdienstorden, 1954, Gold [siehe Seite 133]	4.000,–
865	wie vor, Buntmetall, vergoldet	900,–
866	wie vor, lösbare Verbindung	450,–
867	wie vor, Silber	650,–
868	wie vor, Buntmetall versilbert	250,–
869	wie vor, lösbare Verbindung	150,–
870	wie vor, Bronze	120,–
871	wie vor, lösbare Verbindung	100,–
872	Orden »Banner der Arbeit«, 1954, mit Verleihungsnummer, nur in einer Stufe	2.500,–

Deutsche Demokratische Republik 133

880

862

864 877

873	wie vor, ohne Verleihungsnummer	350,–
874	wie vor, Stufe I	120,–
875	wie vor, Stufe II	100,–
876	wie vor, Stufe III	85,–
877	Orden »Großer Stern der Völkerfreundschaft«, 1959, Dekoration mit Stern und Band, Gold [siehe Seite 133]	35.000,–
878	wie vor, Buntmetall, vergoldet	4.000,–
879	wie vor, Dekoration mit Kleinod am Band und Bruststern, Buntmetall, vergoldet [siehe Seite 135]	8.000,–
880	Stern der Völkerfreundschaft, Gold [siehe Seite 133]	10.000,–
881	wie vor, Buntmetall, vergoldet	1.200,–
882	wie vor, Silber	5.000,–
883	wie vor, Buntmetall, versilbert	1.000,–

884	Scharnhorst-Orden, 1966, Silber, vergoldet	8.000,–

136 Deutsche Demokratische Republik

| 885 | wie vor, Buntmetall, vergoldet | 2.500,- |

886	Kampforden »Für Verdienste um Volk und Vaterland«, 1966, Silber, vergoldet	800,-
887	wie vor, Buntmetall, vergoldet	100,-
888	wie vor, Silber	600,-
889	wie vor, Buntmetall, versilbert	85,-
890	wie vor, Bronze	60,-

891	Blücher-Orden für Tapferkeit, 1968, Silber, vergoldet	4.000,-
892	wie vor, Buntmetall, vergoldet	2.500,-
893	wie vor, Silber	3.000,-
894	wie vor, Buntmetall, versilbert	2.000,-
895	wie vor, Bronze	1.800,-

Deutsche Demokratische Republik 137

896	Militärischer Verdienstorden, 1982, vergoldet	5.000,–
897	wie vor, versilbert	4.500,–
898	wie vor, Bronze	4.000,–

Preise

899	Nationalpreis der DDR, 1949, (Revers: Deutscher Nationalpreis im Goethejahr 1949), Gold	12.000,–
900	wie vor, mit Jahreszahl 1950, Gold	3.500,–
901	wie vor, mit Jahreszahl 1951 ... 61, Gold	3.000,–
902	wie vor, ohne Jahreszahl, Gold	2.500,–

903	wie vor, (Revers: Nationalpreis), Gold	2.000,–
904	wie vor, Buntmetall, vergoldet	1.000,–
905	Heinrich-Greif-Preis, 1951, I. Klasse, Silber, Revers mit Angabe der Klasse	5.000,–
906	wie vor, Buntmetall versilbert	1.500,–

907	wie vor, II. Klasse, Silber	4.500,–
908	wie vor, Buntmetall, versilbert	1.300,–
909	wie vor, III. Klasse, Silber	4.000,–

| 910 | wie vor, Buntmetall, versilbert | 1.000,– |
| 911 | wie vor, ohne Angabe der Klassen, Buntmetall, versilbert oder vernickelt | 1.500,– |

912	Lessing-Preis, 1954, Silber	5.000,–
913	wie vor, Buntmetall, versilbert oder vernickelt	3.500,–
914	Preis für künstlerisches Volksschaffen, 1955, I. Klasse, Silber, Revers mit Inschrift und Jahreszahl (1956–70)	5.000,–
915	wie vor, ohne Jahreszahl	2.500,–

916	wie vor, Buntmetall, versilbert oder vernickelt	800,–
917	wie vor, II. Klasse, Bronze, Revers mit Inschrift und Jahreszahl (1956–70)	3.000,–
918	wie vor, ohne Jahreszahl	600,–
919	Heinrich-Heine-Preis, 1956, Silber	5.000,–

920	wie vor, Buntmetall, versilbert oder vernickelt	3.500,–
921	wie vor, Revers verändert	3.000,–

922	Ćišinski-Preis, 1956, I. Klasse, Silber, vergoldet	3.000,–
923	wie vor, Buntmetall, versilbert	2.500,–

140 *Deutsche Demokratische Republik*

924 wie vor, Avers und Revers verändert, Buntmetall,
     versilbert oder vermessingt   2.500,–
925 wie vor, II. Klasse, Silber   2.800,–
926 wie vor, Buntmetall, versilbert   2.200,–

927 wie vor, Avers und Revers verändert, Buntmetall,
     versilbert oder vernickelt   2.200,–
928 Johannes-R.-Becher-Preis, 1958, Silber, Revers mit
     Jahreszahl (1960–72)   5.000,–
929 wie vor, Buntmetall, versilbert, Revers mit
     Jahreszahl (1974, 1976)   5.000,–

930 wie vor, Buntmetall, versilbert oder vernickelt,
     ohne Jahreszahl   3.500,–
931 Kunstpreis der DDR, 1959, Silber   2.000,–

932	wie vor, Buntmetall, versilbert oder vernickelt	600,–
933	Rudolf-Virchow-Preis, 1960 (nicht tragbar mit Anstecknadel), Silber	2.000,–

934	wie vor, Buntmetall, versilbert oder vernickelt	1.000,–
935	GutsMuths-Preis, 1961 (nicht tragbar), I. Klasse, Silber	3.000,–
936	wie vor, Buntmetall, versilbert	1.000,–
937	wie vor, II. Klasse, Silber	2.800,–
938	wie vor, Buntmetall, versilbert	800,–
939	wie vor, III. Klasse, Silber	2.500,–

940	wie vor, Buntmetall, versilbert	700,–

941 wie vor, ohne Angabe der Klassen, Buntmetall,
versilbert oder vernickelt 1.000,–

942 Friedrich-Engels-Preis, 1970, I. Klasse,
Silber, vergoldet 2.000,–
943 wie vor, Buntmetall, vergoldet oder vermessingt 800,–
944 wie vor, II. Klasse, Silber 1.500,–
945 wie vor, Buntmetall, versilbert oder vernickelt 600,–
946 wie vor, III. Klasse, Bronze 550,–

947 Theodor-Körner-Preis, 1970, Silber 2.000,–
948 wie vor, Buntmetall, versilbert oder vernickelt 900,–

949 Architekturpreis der DDR, 1976   700,–

950 Designpreis der DDR, 1978   3.500,–

951 Jacob-und-Wilhelm-Grimm-Preis der DDR, 1979
     (nicht tragbar), Meißner Porzellan   5.000,–

Ehrentitel

952	Verdienter Lehrer des Volkes, 1949, Silber, vergoldet, Revers mit Jahreszahl (1949–58)	1.500,–
953	wie vor, ohne Jahreszahl	1.000,–
954	wie vor, Buntmetall, vergoldet	600,–

955 wie vor, Revers verändert   600,–

956 Verdienter Arzt des Volkes, 1949, Bronze
Revers mit Jahreszahl (1949–54), an Bandschleife   3.500,–

| 957 | wie vor, Revers mit Jahreszahl (1955 ... 58), an Bandspange | 3.500,– |
| 958 | wie vor, Silber, Avers und Revers verändert | 2.000,– |

| 959 | wie vor, Buntmetall, versilbert | 1.800,– |

| 960 | wie vor, Revers verändert, Buntmetall, versilbert oder vernickelt | 1.500,– |

961	Held der Arbeit, 1950, Silber, Medaille am Band	35.000,–
962	wie vor, Medaille an Spange	20.000,–
963	wie vor, Stern, Silber, Revers mit Verleihungsjahr und Verleihungsnummer	3.500,–
964	wie vor, ohne Verleihungsjahr	2.500,–

965	wie vor, ohne Verleihungsnummer	1.500,–
966	wie vor, Buntmetall, vergoldet	600,–

Deutsche Demokratische Republik 147

967	Verdienter Aktivist, 1950, Medaille mit Schraube ohne Tragespange	2.000,–
968	wie vor, Medaille an Tragespange	400,–

969	wie vor, Avers verändert	150,–

970	wie vor, Revers verändert	80,–
971	Verdienter Erfinder, 1950, Medaille mit Schraube ohne Tragespange	6.000,–

148 Deutsche Demokratische Republik

972	wie vor, Medaille an Tragespange	900,–
973	wie vor, Avers verändert	500,–
974	wie vor, Revers verändert	800,–
975	Verdienter Bergmann der DDR, 1950, Silber, Bandspange Revers mit Verleihungsjahr (1950–52)	2.500,–

976	wie vor, Metallspange, Revers mit Verleihungsjahr (1953–57)	1.500,–
977	wie vor, Revers ohne Verleihungsjahr	1.200,–
978	wie vor, Buntmetall, versilbert oder vernickelt	1.000,–
979	Meisterhauer, 1950, Bandspange, Avers mit Verleihungsjahr (1950 ... 52)	1.800,–
980	wie vor, Metallspange, Avers mit Verleihungsjahr (1953–57)	1.200,–

981 wie vor, Avers ohne Verleihungsjahr 800,–

982 Verdienter Eisenbahner, 1950, farbig emailliert 6.000,–

983 wie vor, runde Medaille, Buntmetall, vergoldet,
Avers mit Verleihungsjahr (1951–65) 1.200,–

| 984 | wie vor, Avers ohne Verleihungsjahr | 600,– |
| 985 | Hervorragender Wissenschaftler des Volkes, 1951, Gold | 5.000,– |

| 986 | wie vor, Buntmetall, vergoldet | 3.000,– |

987	Verdienter Techniker des Volkes, 1951, Metallspange	950,–
988	wie vor, bronzefarben mit Stoffspange	600,–
989	wie vor, goldfarben	600,–

990	wie vor, Revers verändert	500,–
991	Meisterbauer, 1951, Revers mit Verleihungsjahr (1951, 1954)	1.200,–

992	wie vor, ohne Verleihungsjahr	1.000,–
993	Verdienter Züchter, 1952, Revers mit Verleihungsjahr (1952–60), emaillierte Tragespange	2.000,–

994	wie vor, ohne Jahreszahl	1.500,–
995	wie vor, mit Stoffspange	600,–

996	wie vor, Revers verändert	600,–
997	Verdienter Tierarzt, 1952, Revers mit Verleihungsjahr (1952–60)	2.000,–

998	wie vor, ohne Jahreszahl	1.500,–

999	Verdienter Meister, 1953	300,–
1000	Bester Meister, 1953, emailliertes Abzeichen, Bauindustrie	1.500,–
1001	wie vor, Baustoffindustrie	1.500,–

1002	wie vor, Berg- und Hüttenwesen	1.500,–
1003	wie vor, Eisenbahn	1.500,–
1004	wie vor, Kohle und Energie	1.500,–
1005	wie vor, Kraftverkehr und Straßenwesen	1.500,–
1006	wie vor, Land- und Forstwirtschaft	1.500,–
1007	wie vor, Lebensmittelindustrie	1.500,–

1008	wie vor, Leichtindustrie	1.500,–

1009	wie vor, Maschinenbau	1.500,–
1010	wie vor, Schwerindustrie	1.500,–

1011	Aktivist des Fünfjahrplanes, 1952, Stoffspange	50,–

154 *Deutsche Demokratische Republik*

1012	wie vor, Metallspange, Aluminium, bronziert	20,–
1013	wie vor, Aluminium, vergoldet	15,–

1014	wie vor, Miniaturnadel	150,–
1015	Hervorragender Genossenschaftler, 1954, Revers mit Verleihungsnummer	1.200,–

1016	wie vor, ohne Verleihungsnummer	250,–

Deutsche Demokratische Republik 155

1017 wie vor, Revers geändert 120,–

1018 Brigade der hervorragenden Leistung, 1954 750,–

1019 Verdienter Meister des Sports, 1954,
 Silber, vergoldet 600,–
1020 wie vor, Buntmetall, vergoldet oder vermessingt 400,–

| 1021 | Meister des Sports, 1954, Silber | 600,– |
| 1022 | wie vor, Buntmetall, versilbert oder vernickelt | 400,– |

| 1023 | Hervorragende Jugendbrigade der DDR, 1955, emailliertes Abzeichen | 700,– |
| 1024 | wie vor, gestickte Form | 750,– |

| 1025 | wie vor, Medaille mit Stoffspange | 500,– |
| 1026 | wie vor, Avers verändert | 100,– |

Deutsche Demokratische Republik 157

1027 Brigade der sozialistischen Arbeit, 1959 250,–

1028 Gemeinschaft der sozialistischen Arbeit, 1960 250,–

1029 Meisterbauer der genossenschaftlichen Produktion, 1960 150,–

Deutsche Demokratische Republik

1030 Hervorragender Jungaktivist, 1960, farbig
      emailliert an Metallspange   750,–

1031 wie vor, Medaille an Stoffspange   100,–

1032 Aktivist des Siebenjahrplanes, 1960   15,–

1033 wie vor, Miniaturnadel   150,–

1034	Kollektiv der sozialistischen Arbeit, 1962, Metallspange (rot mit schwarzrotgold)	60,–
1035	wie vor, Spange mit Jahreszahl (1963 ... 66)	50,–
1036	wie vor, Spange mit Staatswappen	15,–
1037	wie vor, Spange für zweifache Verleihung	15,–

1038　wie vor, Spange für dreifache Verleihung　　15,–

1039　wie vor, Spange für vierfache Verleihung　　15,–

1040　wie vor, Spange für fünffache Verleihung
　　　 mit Jahreszahl 1971 – 1975　　15,–

160 Deutsche Demokratische Republik

1041 wie vor, Spange für fünffache Verleihung
ohne Jahreszahl 5,–

1042 Hervorragendes Jugendkollektiv der DDR,
1963, farbloser Schriftring 300,–
1043 wie vor, schwarzer Schriftring 80,–

1044 Verdienter Seemann, 1965 300,–

Deutsche Demokratische Republik 161

1045 Verdienter Volkspolizist der DDR   850,–

1046 Aktivist der sozialistischen Arbeit, 1969,
      Metallspange (rot)   10,–
1047 wie vor, Spange mit Staatswappen   5,–
1048 wie vor, Spange für zweifache Verleihung   5,–

1049 wie vor, Miniaturnadel   80,–

1050 Verdienter Mitarbeiter der Staatssicherheit, 1969   2.500,–

1051 Verdienter Mitarbeiter der Zollverwaltung
      der DDR, 1972   850,–

1052 Verdienter Bauarbeiter der DDR, 1972   500,–

1053	Verdienter Militärflieger der DDR, 1974, rechteckige Spange	3.000,–
1054	wie vor, pentagonale Spange	2.500,–

1055	Verdienter Metallurge der DDR, 1975	500,–

1056	Verdienter Werktätiger der Leicht-, Lebensmittel- und Nahrungsgüterindustrie der DDR, 1975	250,–

| 1057 | Verdienter Metallarbeiter der DDR, 1975 | 500,– |
| 1058 | Verdienter Chemiearbeiter der DDR, 1975 | 250,– |

| 1059 | Verdienter Energiearbeiter der DDR, 1975 | 500,– |

| 1060 | Verdienter Werktätiger des Post- und Fernmeldewesens der DDR, 1975 | 2.000,– |

1061 Verdienter Mitarbeiter des Handels der
DDR, 1975 500,–

1062 Verdienter Werktätiger des Verkehrswesens
der DDR, 1975 500,–

1063 Verdienter Werktätiger des Bereiches der haus-
und kommunalwirtschaftlichen Dienst-
leistungen der DDR, 1975 250,–

1064 Verdienter Hochschullehrer der DDR, 1975   1.000,–

1065 Held der DDR, 1975. 1, Form ohne Brillanten   35.000,–
1066 wie vor, 2. Form mit Brillanten, Gold 900   35.000,–
1067 wie vor, Gold 333   25.000,–

1068 wie vor, Silber vergoldet   10.000,–

Deutsche Demokratische Republik 167

1069 wie vor, Doppelspange für zweifache Verleihung 20.000,–

1070 Verdienter Angehöriger der Nationalen
Volksarmee, 1975, 1. Form 5.000,–

1071 wie vor, 2. Form 1.200,–

1072 Verdienter Angehöriger der Grenztruppen
      der DDR, 1975, 1. Form   6.000,–

1073 wie vor, 2. Form   1.500,–

1074 Verdienter Mitarbeiter im außenpolitischen Dienst
      der DDR, 1979   1.800,–

Deutsche Demokratische Republik 169

1075	Verdienter Tierarzt der DDR, 1976	1.500,–
1076	wie vor, Revers verändert	1.500,–

1077	Verdienter Genossenschaftsbauer der DDR, 1977	500,–

1078	Verdienter Werktätiger der Land- und Forstwirtschaft der DDR, 1977	500,–

1079 Verdienter Angehöriger der Zivilverteidigung
      der DDR, 1977   1.500,–

1080 Fliegerkosmonaut der DDR, 1978, 1. Form
      mit Flugdatum   30.000,–

1081 wie vor, ohne Flugdatum   25.000,–

Deutsche Demokratische Republik 171

1082 wie vor, 2. Form mit Flugdatum 30.000,–

1083 wie vor, ohne Flugdatum 25.000,–

1084 Verdienter Mitarbeiter der Planungsorgane
      der DDR, 1978 800,–

1085 Verdienter Mitarbeiter des Finanzwesens der
      DDR, 1978   800,–

1086 Verdienter Wasserwirtschaftler der DDR, 1979   800,–

1087 Verdienter Jurist der DDR, 1979   800,–

Deutsche Demokratische Republik 173

1088 Verdienter Volkskontrolleur der DDR, 1981 800,–

1089 Verdienter Mitarbeiter des Gesundheitswesens
 der DDR, 1985 700,–

Medaillen

1090 Ehrenzeichen der Deutschen Volkspolizei, 1949
      Abzeichen mit Inschrift in der Fahne   380,–

1091 wie vor, ohne Inschrift in der Fahne   500,–

1092 wie vor, mit Staatswappen in der Fahne   850,–

Deutsche Demokratische Republik 175

1093	wie vor, Medaille an pentagonaler Spange	150,–
1094	Medaille für Verdienste um das Grubenrettungswesen, 1951, Aluminium, bronziert	1.800,–
1095	wie vor, Buntmetall, bronzefarben	1.500,–

1096	wie vor, Buntmetall, vergoldet	1.500,–

1097	wie vor, Revers verändert	1.500,–
1098	wie vor, nur silberfarbene Auflage für zweimalige Verleihung	400,–

1099 wie vor, nur goldfarbene Auflage für
dreimalige Verleihung 450,–

1100 Medaille für vorbildlichen Grenzdienst, 1953,
Revers mit Verleihungsnummer 350,–
1101 wie vor, ohne Verleihungsnummer 150,–

1102 wie vor, Avers und Revers verändert 100,–

1103 Medaille für ausgezeichnete Leistungen, 1951,
Stoffspange 80,–

Deutsche Demokratische Republik 177

1104	wie vor, Metallspange, Aluminium bronziert, Avers mit Motiv des Fünfjahrplanes	20,–
1105	wie vor, Aluminium vergoldet	15,–

1106 wie vor, Miniaturnadel   150,–

1107 wie vor, Avers mit Motiv des Siebenjahrplanes   15,–

1108 wie vor, Miniaturnadel   150,–

178 *Deutsche Demokratische Republik*

1109 Medaille für ausgezeichnete Leistungen im Wettbewerb, 1953, emailliertes Abzeichen, Außenhandel   500,–

1110 wie vor, Bauindustrie   450,–

1111 wie vor, Baustoffindustrie   450,–

Deutsche Demokratische Republik 179

1112 wie vor, Berg- und Hüttenwesen 450,–

1113 wie vor, Chemische Industrie 450,–

1114 wie vor, Deutsche Post 450,–
1115 wie vor, Eisenbahn, Motiv Flügelrad 1.500,–

1116 wie vor, Motiv Lokomotive 500,–

1117 wie vor, Kohle und Energie 450,–

1118 wie vor, Konsumgenossenschaft 450,–

Deutsche Demokratische Republik 181

1119   wie vor, Kraftverkehr und Straßenwesen   450,–

1120   wie vor, Kultur   450,–

1121   wie vor, Land- und Forstwirtschaft   450,–

1122　wie vor, Lebensmittelindustrie　　　　　　　　　450,–

1123　wie vor, Leichtindustrie　　　　　　　　　　　450,–

1124　wie vor, Maschinenbau　　　　　　　　　　　450,–

1125	wie vor, Metallurgie	2.000,–
1126	wie vor, Pharmazie	1.500,–

1127	wie vor, Schiffahrt	500,–

1128	wie vor, Schwerindustrie	450,–
1129	wie vor, Staatliche Geologische Komission	2.000,–

184 *Deutsche Demokratische Republik*

1130　wie vor, Staatlicher Einzelhandel　　　　　450,–

1131　wie vor, Staatlicher Großhandel　　　　　450,–

1132　wie vor, VEAB　　　　　450,–

Deutsche Demokratische Republik 185

1133 wie vor, Wasserwirtschaft 500,–

1134 wie vor, Medaille an Stoffspange,
 einheitliches Motiv 10,–

1135 Clara-Zetkin-Medaille, 1954, Silber 800,–

1136	wie vor, Revers verändert	700,–
1137	wie vor, Buntmetall versilbert	500,–

1138	wie vor, Revers verändert	300,–

1139	Carl-Friedrich-Wilhelm-Wander-Medaille, 1954, Silber, vergoldet	6.000,–
1140	wie vor, Silber	2.500,–
1141	wie vor, Bronze	1.500,–

Deutsche Demokratische Republik 187

1142	Leistungsabzeichen der Deutschen Grenzpolizei, 1954, oval, mit Verleihungsnummer	600,–
1143	wie vor, ohne Verleihungsnummer	300,–

1144	wie vor, rund, neue Gestaltung	50,–

1145	Leistungsabzeichen der Kasernierten Volkspolizei, 1954 mit Verleihungsnummer	600,–
1146	wie vor, ohne Verleihungsnummer	300,–

| 1147 | Medaille für treue Dienste in der Kasernierten Volkspolizei, 1954, mit Verleihungsnummer | 300,– |
| 1148 | wie vor, ohne Verleihungsnummer | 150,– |

| 1149 | Rettungsmedaille, 1954, Silber, ovale Medaille am Stoffband | 1.700,– |
| 1150 | wie vor, runde Medaille, rechteckige Spange | 1.000,– |

| 1151 | wie vor, Buntmetall, versilbert | 800,– |

1152 Medaille für die Bekämpfung der Hochwasser-
katastrophe im Juli 1954   800,–

1153 Medaille »Für treue Dienste« in der Deutschen
Volkspolizei 1955, Stufe II   4.000,–
1154 wie vor, Stufe III   100,–

1155 Hans-Beimler-Medaille, 1956, Silber   2.000,–
1156 wie vor, Buntmetall, versilbert   1.200,–

190 Deutsche Demokratische Republik

1157	Verdienstmedaille der Nationalen Volksarmee, 1956, Silber, vergoldet, mit Verleihungsnummer	600,–
1158	wie vor, ohne Verleihungsnummer	200,–
1159	wie vor, Buntmetall, vergoldet oder vermessingt	70,–
1160	wie vor, Silber, mit Verleihungsnummer	300,–

1161	wie vor, ohne Verleihungsnummer	100,–
1162	wie vor, Buntmetall versilbert, oder vernickelt	50,–
1163	wie vor, bronzefarben mit Verleihungsnummer	100,–
1164	wie vor, ohne Verleihungsnummer	25,–

1165	Leistungsabzeichen der Nationalen Volksarmee, 1956, mit Verleihungsnummer, Fahne ohne Staatswappen	1.200,–
1166	wie vor, Staatswappen nachträglich eingeschlagen	500,–
1167	wie vor, mit Staatswappen	30,–
1168	Medaille für treue Dienste in der Nationalen Volksarmee, 1956, für 20 Dienstjahre, Silber, vergoldet	280,–

1169	wie vor, Buntmetall, vergoldet oder vermessingt	40,–
1170	wie vor, für 15 Dienstjahre, Silber, vergoldet	100,–
1171	wie vor, Buntmetall, vergoldet oder vermessingt	30,–

1172	wie vor, für 10 Dienstjahre, Silber, Fahne ohne Staatswappen	1.200,–

1173	wie vor, Fahne mit Staatswappen	100,–
1174	wie vor, Buntmetall, versilbert oder vernickelt	25,–
1175	wie vor, für 5 Dienstjahre, bronzefarben, Fahne ohne Staatswappen, mit Verleihungsnummer	250,–
1176	wie vor, Fahne mit Staatswappen, ohne Verleihungsnummer	15,–
1177	Verdienstmedaille der Deutschen Reichsbahn, 1956, Stufe III, Metallspange	300,–

1178	wie vor, Stoffspange	100,–
1179	wie vor, Stufe II, Metallspange	200,–
1180	wie vor, Stoffspange	90,–
1181	wie vor, Stufe I, Metallspange	150,–
1182	wie vor, Stoffspange	80,–

1183	Medaille für treue Dienste bei der Deutschen Reichsbahn, 1956, Ehrenspange	100,–
1184	wie vor, für 50/30 Dienstjahre, runde Medaille an flacher Bandspange, vergoldet	80,–
1185	wie vor, gebogene Bandspange	60,–
1186	wie vor, Revers verändert, vergoldet oder vermessingt	30,–
1187	wie vor, für 40/20 Dienstjahre, flache Bandspange, versilbert	75,–
1188	wie vor, gebogene Bandspange	40,–
1189	wie vor, Revers verändert, versilbert oder vernickelt	25,–
1190	wie vor, für 25/10 Dienstjahre, flache Bandspange, bronzefarben	60,–

1191	wie vor, gebogene Bandspange	30,–
1192	wie vor, Revers verändert	20,–
1193	Pestalozzi-Medaille für treue Dienste, 1956, für 40/30 Dienstjahre, Buntmetall oder Eisen, vergoldet oder vermessingt	40,–

1194	wie vor, für 25/20 Dienstjahre, versilbert oder vernickelt	30,–
1195	wie vor, für 10 Dienstjahre, bronzefarben	25,–

1196	Medaille für selbstlosen Einsatz bei der Bekämpfung von Katastrophen, 1957	150,–

1197　wie vor, Avers und Revers verändert　　　　　80,–

1198　Medaille für Teilnahme an den bewaffneten
　　　Kämpfen der deutschen Arbeiterklasse in den
　　　Jahren 1918 – 1923, 1957　　　　　　　　　400,–

1199　Medaille für Kämpfer gegen den Faschismus
　　　1933 – 1945, 1958　　　　　　　　　　　　250,–
1200　Hufeland-Medaille, 1958, nur in einer Stufe,
　　　versilbert　　　　　　　　　　　　　　　　250,–

Deutsche Demokratische Republik 195

1201	wie vor, drei Stufen, vergoldet	200,–
1202	wie vor, versilbert	160,–
1203	wie vor, bronzefarben	140,–
1204	Medaille für treue Dienste in den bewaffneten Organen des Ministeriums des Innern, 1959, für 30 Dienstjahre	40,–
1205	wie vor, für 25 Dienstjahre	35,–
1206	wie vor, für 20 Dienstjahre	30,–

1207	wie vor, für 15 Dienstjahre, ohne Staatswappen	30,–

1208	wie vor, mit Staatswappen	25,–
1209	wie vor, für 10 Dienstjahre, ohne Staatswappen	25,–
1210	wie vor, mit Staatswappen	20,–
1211	wie vor, für 5 Dienstjahre, ohne Staatswappen	20,–
1212	wie vor, mit Staatswappen	15,–
1213	Medaille für treue Dienste in der Freiwilligen Feuerwehr, 1959, für 40 Dienstjahre	100,–

1214	wie vor, für 40/30 Dienstjahre	80,–
1215	wie vor, für 25/20 Dienstjahre	60,–
1216	wie vor, für 10 Dienstjahre	50,–
1217	Medaille für ausgezeichnete Leistungen in den landwirtschaftlichen Produktionsgenossenschaften, 1959	20,–

1218 Verdienstmedaille der DDR, 1959 40,–

1219 Medaille für ausgezeichnete Leistungen in den
bewaffneten Organen des Ministeriums des Innern,
1959, ohne Staatswappen 40,–

1220 wie vor, mit Staatswappen 30,–
1221 Dr.-Theodor-Neubauer-Medaille, 1959, vergoldet
oder vermessingt 120,–

1222	wie vor, versilbert oder vernickelt	100,–
1223	wie vor, bronzefarben	80,–
1224	Treuedienstmedaille der Deutschen Post, 1960, Ehrenspange (zwei verschiedene Formen)	90,–
1225	wie vor, für 45 (Frauen) oder 50 (Männer) Dienstjahre, Aluminium, goldfarben	180,–
1226	wie vor, für 40 Dienstjahre, Aluminium, silberfarben	150,–
1227	wie vor, für 25 Dienstjahre, Aluminium, bronzefarben	100,–

1228	wie vor, für 40/30 Dienstjahre, Buntmetall oder Eisen, vergoldet oder vermessingt	80,–

1229	wie vor, Revers verändert, Buntmetall, vergoldet	200,–
1230	wie vor, für 25/20 Dienstjahre, Buntmetall oder Eisen, versilbert oder vernickelt	60,–
1231	wie vor, Revers verändert, Buntmetall, versilbert	180,–
1232	wie vor, für 10 Dienstjahre, Buntmetall oder Eisen, bronzefarben	40,–
1233	wie vor, Revers verändert, Buntmetall, bronzefarben	150,–
1234	Verdienstmedaille der Kampfgruppen der Arbeiterklasse, 1961, nur in einer Stufe, bronzefarben	120,–
1235	wie vor, drei Stufen, vergoldet oder vermessingt	60,–

1236	wie vor, versilbert oder vernickelt	40,–
1237	wie vor, bronzefarben	20,–
1238	Leistungsabzeichen der Grenztruppen der DDR, 1962, (identisch mit Nr. 1144)	50,–

1239	wie vor, Miniaturnadel	180,–
1240	Medaille für treue Dienste in der zivilen Luftfahrt, 1962, Ehrenspange	200,–
1241	wie vor, für 10 Dienstjahre, versilbert	200,–
1242	wie vor, für 5 Dienstjahre, bronzefarben	180,–
1243	wie vor, für 30 Dienstjahre, vergoldet	250,–
1244	wie vor, für 20 Dienstjahre, vergoldet	200,–

1245	wie vor, für 15 Dienstjahre, vergoldet	180,–
1246	wie vor, für 10 Dienstjahre, versilbert	150,–
1247	wie vor, für 5 Dienstjahre, bronzefarben	120,–
1248	Verdienstmedaille der Seeverkehrswirtschaft, 1965, vergoldet	80,–

1249	wie vor, versilbert	60,–
1250	wie vor, bronzefarben	40,–
1251	Medaille für treue Dienste in der Seeverkehrswirtschaft, 1965, Ehrenspange	100,–
1252	wie vor, für 40/30 Dienstjahre, vergoldet	30,–

1253	wie vor, für 25/20 Dienstjahre, versilbert	20,–
1254	wie vor, für 15/10 Dienstjahre, bronzefarben	15,–

1255 Erinnerungsmedaille 20. Jahrestag – demokratische Bodenreform, 1965   60,–

1256	Medaille für Verdienste in der Rechtspflege, 1965, vergoldet	350,–
1257	wie vor, versilbert	250,–
1258	wie vor, bronzefarben	150,–

1259	Medaille für ausgezeichnete Leistungen in den Kampfgruppen der Arbeiterklasse, 1965	25,–
1260	Medaille für treue Dienste in den Kampfgruppen der Arbeiterklasse, 1965, für 25 Dienstjahre, vergoldet oder vermessingt	40,–
1261	wie vor, für 20 Dienstjahre, vergoldet oder vermessingt	30,–

Deutsche Demokratische Republik 203

1262 wie vor, für 15 Dienstjahre, versilbert oder vernickelt 20,–
1263 wie vor, für 10 Dienstjahre, bronzefarben 15,–
1264 Medaille der Waffenbrüderschaft, 1966, Buntmetall
 oder Eisen, vergoldet oder vermessingt 180,–

1265 wie vor, versilbert oder vernickelt 150,–
1266 wie vor, bronzefarben 120,–

1267 Verdienstmedaille der Organe des Ministeriums des
 Innern, 1966, vergoldet oder vermessingt 80,–

Deutsche Demokratische Republik

1268	wie vor, versilbert oder vernickelt	60,–
1269	wie vor, bronzefarben	40,–

1270	Verdienstmedaille der Zollverwaltung der DDR, 1967, vergoldet oder vermessingt	160,–
1271	wie vor, versilbert oder vernickelt	140,–
1272	wie vor, bronzefarben	120,–
1273	Medaille für treue Dienste in der Zollverwaltung der DDR, 1967 für 30 Dienstjahre, vergoldet oder vermessingt	100,–
1274	wie vor, für 25 Dienstjahre, vergoldet oder vermessingt	80,–
1275	wie vor, für 20 Dienstjahre, vergoldet oder vermessingt	60,–

1276	wie vor, für 15 Dienstjahre, vergoldet oder vermessingt	50,–
1277	wie vor, für 10 Dienstjahre, versilbert oder vernickelt	40,–

1278 wie vor, für 5 Dienstjahre, bronzefarben 30,–

1279 Medaille für Verdienste im Brandschutz, 1968 200,–
1280 Blücher-Medaille für Tapferkeit, 1968,
 Silber, vergoldet 2.500,–
1281 wie vor, Buntmetall, vergoldet 2.000,–

1282 wie vor, Silber 2.000,–
1283 wie vor, Buntmetall, versilbert 1.800,–
1284 wie vor, Bronze 1.500,–

206 *Deutsche Demokratische Republik*

1285 Medaille für hervorragende Leistungen in der
 Bewegung »Messen der Meister von Morgen«, 1969   40,–

1286 Ehrenzeichen für Körperkultur und Sport, 1969,
 Silber, vergoldet   950,–
1287 wie vor, Buntmetall, vergoldet   800,–

1288 Karl-Liebknecht-Medaille, 1970   15,–

Deutsche Demokratische Republik 207

1289	wie vor, Revers verändert	10,–
1290	Verdienstmedaille der Zivilverteidigung, 1970, vergoldet oder vermessingt	100,–

1291	wie vor, versilbert oder vernickelt	50,–
1292	wie vor, bronzefarben	30,–

1293	Verdienstmedaille der Deutschen Post, 1970, vergoldet oder vermessingt	500,–
1294	wie vor, versilbert oder vernickelt	350,–

1295 wie vor, bronzefarben 150,–

1296 Medaille »Vorbildliches Lehrlingskollektiv
im sozialistischen Berufswettbewerb«, 1970 10,–

1297 Medaille »Für sehr gute Leistungen im
sozialistischen Berufswettbewerb«, 1970 10,–

1298 Medaille für Verdienste in der Energiewirtschaft
der DDR, 1971, vergoldet 200,–
1299 wie vor, versilbert 180,–
1300 wie vor, bronzefarben 160,–

Deutsche Demokratische Republik 209

1301	Medaille für Verdienste in der Kohleindustrie der DDR, 1972, vergoldet	200,–
1302	wie vor, versilbert	180,–
1303	wie vor, bronzefarben	160,–

1304	Medaille für hervorragende Leistungen im Bauwesen der DDR, 1972, vergoldet	100,–
1305	wie vor, versilbert	80,–
1306	wie vor, bronzefarben	60,–

1307	Medaille für Verdienste in der Volkskontrolle der DDR, 1973, nur in einer Stufe, mit Metallspange	230,–

| 1308 | wie vor, mit Stoffspange | 200,- |

1309	wie vor, Avers verändert	180,-
1310	wie vor, Stufe I	150,-
1311	wie vor, Stufe II	130,-
1312	wie vor, Stufe III	100,-

1313 Medaille für treue Dienste im Gesundheits- und Sozialwesen der DDR, 1973, vergoldet oder vermessingt 50,-
1314 wie vor, versilbert oder vernickelt 40,-
1315 wie vor, bronzefarben 30,-
1316 Medaille für langjährige Pflichterfüllung zur Stärkung der Landesverteidigung der DDR, 1974, für 35 (Frauen) oder 40 (Männer) Dienstjahre, vergoldet oder vermessingt 190,-

Deutsche Demokratische Republik 211

1317	wie vor, für 30 Dienstjahre, vergoldet oder vermessingt	170,–
1318	wie vor, für 20 Dienstjahre, versilbert oder vernickelt	150,–
1318a	wie vor, für 10 Dienstjahre, bronzefarben	130,–

1319 wie vor, Revers verändert 300,–

1320 Medaille ausgezeichnetes Volkskunstkollektiv der DDR, 1974 (nicht tragbar), Böttger-Steinzeug 100,–

1321 Medaille für Verdienste im künstlerischen Volksschaffen der DDR, 1974 — 80,–

1322 Medaille für hervorragende Leistungen im Bergbau und in der Energiewirtschaft der DDR, 1975 — 250,–

1323 Medaille für hervorragende Leistungen in der Metallurgie der DDR, 1975 — 200,–

1324 Medaille für hervorragende Leistungen in der chemischen Industrie der DDR, 1975   160,–

1325 Medaille für hervorragende Leistungen in der metallverarbeitenden Industrie der DDR, 1975   200,–

1326 Medaille für hervorragende Leistungen in der Leicht-, Lebensmittel- und Nahrungsgüterindustie der DDR, 1975   120,–

1327 Medaille für hervorragende Leistungen im Verkehrs-
      wesen der DDR, 1975   250,–

1328 Medaille für hervorragende Leistungen im Handel
      der DDR, 1975   200,–

1329 Medaille für hervorragende Leistungen im Bereich
      der haus- und kommunalwirtschaftlichen Dienst-
      leistungen der DDR, 1975   120,–

Deutsche Demokratische Republik 215

| 1330 | Medaille für hervorragende Leistungen in der Wasserwirtschaft der DDR, 1975 | 350,– |

1331	Humboldt-Medaille, 1975, vergoldet	450,–
1332	wie vor, versilbert	350,–
1333	wie vor, bronzefarben	250,–

| 1334 | Medaille für hervorragende Leistungen im außenpolitischen Dienst der DDR, 1979 | 650,– |

1335 Medaille für hervorragende Leistungen in landwirtschaftlichen Produktionsgenossenschaften der DDR, 1977   250,–

1336 Medaille für hervorragende Leistungen in der Land- und Forstwirtschaft der DDR, 1977   250,–

1337 Medaille für treue Dienste in der Zivilverteidigung der DDR, 1977, für 20 Dienstjahre, vergoldet oder vermessingt   400,–

Deutsche Demokratische Republik 217

1338	wie vor, für 15 Dienstjahre, vergoldet oder vermessingt	350,–
1339	wie vor, für 10 Dienstjahre, versilbert oder vermessingt	500,–
1340	wie vor, für 5 Dienstjahre, bronzefarben	600,–

1341	Medaille für treue Pflichterfüllung in der Zivilverteidigung der DDR, 1977, für 30 Dienstjahre, Buntmetall oder Eisen, vergoldet oder vermessingt	50,–
1342	wie vor, für 20 Dienstjahre, versilbert oder vernickelt	30,–
1343	wie vor, für 10 Dienstjahre, bronzefarben	20,–
1344	Verdienstmedaille der Grenztruppen der DDR, 1977, vergoldet oder vermessingt	180,–
1345	wie vor, versilbert oder vernickelt	130,–

1346	wie vor, bronzefarben	100,–

1347 Medaille für treue Dienste in den Grenztruppen
der DDR, 1977, für 20 Dienstjahre, Buntmetall
oder Eisen, vergoldet oder vermessingt 100,–

1348 wie vor, für 15 Dienstjahre, vergoldet oder
vermessingt 80,–
1349 wie vor, für 10 Dienstjahre, versilbert oder
vernickelt 60,–
1350 wie vor, für 5 Dienstjahre, bronzefarben 50,–

1351 Medaille »30. Jahrestag der Gründung der DDR«,
1978 25,–

Deutsche Demokratische Republik 219

1352	Medaille für hervorragende Leistungen in der Volkswirtschaftsplanung der DDR, 1978, vergoldet	250,–
1353	wie vor, versilbert	180,–
1354	wie vor, bronzefarben	150,–

1355	Medaille für hervorragende Leistungen im Finanzwesen der DDR, 1978, vergoldet oder vermessingt	250,–

1356	wie vor, versilbert, durchbohrt ohne Öse	350,–
1357	wie vor, versilbert oder vernickelt, mit Öse	180,–
1358	wie vor, bronzefarben, durchbohrt ohne Öse	300,–
1359	wie vor, mit Öse	160,–

| 1360 | Kurt-Barthel-Medaille, 1979 | 400,– |
| 1361 | Helene-Weigel-Medaille, 1980 | 6.000,– |

1362 Militärische Verdienstmedaille der DDR, 1982   2.000,–

1363 Ehrenzeichen für hervorragende Leistungen im
Brandschutz, 1983   120,–

Deutsche Demokratische Republik 221

1364	Medaille für hervorragende Leistungen in der Geologie der DDR, 1983	800,–
1365	Medaille für Verdienste am zentralen Jugendobjekt FDJ-Initiative Berlin, 1984, vergoldet oder vermessingt	120,–
1366	wie vor, versilbert oder vernickelt	80,–

1367	wie vor, bronzefarben	60,–
1368	Verdienstmedaille der Forstwirtschaft der DDR, 1984, vergoldet	800,–
1369	wie vor, versilbert	650,–

1370	wie vor, bronzefarben	500,–
1371	Medaille für treue Dienste freiwilliger Helfer beim Schutz der Staatsgrenze der DDR, 1986, für 30 Dienstjahre, vermessingt	300,–
1372	wie vor, für 25 Dienstjahre, vermessingt	250,–
1373	wie vor, für 20 Dienstjahre, vernickelt	200,–

1374	wie vor, für 15 Dienstjahre, vernickelt	180,–
1375	wie vor, für 10 Dienstjahre, bronzefarben	160,–
1376	wie vor, für 5 Dienstjahre, bronzefarben	150,–
1377	Johannes-Dobberstein-Medaille für Verdienste im Veterinärwesen der DDR, 1987, vermessingt	1.000,–
1378	wie vor, vernickelt	800,–

1379	wie vor, bronzefarben	700,–
1380	Friedrich-Wolf-Medaille, 1988	800,–
1381	Ehrenmedaille zum 40. Jahrestag der DDR, 1988	50,–
1382	Dr.-Richard-Sorge-Medaille für Kampfverdienst 1990 (kam nicht mehr zur Verleihung), vergoldet	3.500,–

Deutsche Demokratische Republik

1383	wie vor, versilbert	3.200,–
1384	wie vor, bronzefarben	3.000,–

Bundesrepublik Deutschland ab 1949

A. Vor 1945 gestiftete Auszeichnungen, die lt. Ordensgesetz von 1957 wieder zugelassen sind

Zivile Auszeichnungen

1385	Rettungsmedaille, 1933	60,–

Ehrenzeichen des Deutschen Roten Kreuzes, 1934, 1937

1386	Stern des Ehrenzeichens des DRK	195,–
1387	Ehrenzeichen I. Klasse (Halskreuz)	105,–
1388	Verdienstkreuz (Steckkreuz)	80,–
1389	Ehrenzeichen des DRK	55,–
1390	Damenkreuz des DRK	55,–
1391	Medaille des DRK	35,–

Deutsches Olympia – Ehrenzeichen, 1936

1392	Ehrenzeichen I. Klasse	180,–
1393	Ehrenzeichen II. Klasse	135,–
1394	Olympia-Erinnerungsmedaille	40,–

Treudienst – Ehrenzeichen u. Dienstauszeichnungen, 1938

1395	Sonderstufe für 50 Dienstjahre, 1944	65,–
1396	1. Stufe für 40 Dienstjahre	45,–
1397	2. Stufe für 25 Dienstjahre	45,–
1398	Sonderstufe für Angestellte und Arbeiter in der freien Wirtschaft für 50 Jahre	55,–
1399	**RAD-Dienstauszeichnung,** 1. Stufe	60,–
1400	dto., 2. Stufe	50,–

1401	dto., 3. Stufe	45,–
1402	dto., 4. Stufe	35,–
1403	Dienstauszeichnung für den RADwJ, 1. Stufe	60,–
1404	dto., 2. Stufe	50,–
1405	dto., 3. Stufe	45,–
1406	dto., 4. Stufe	35,–

Dienstauszeichnung der Polizei

1407	für 40 Dienstjahre, 1944	80,–
1408	dto., 1. Stufe	55,–
1409	dto., 2. Stufe	50,–

1410	dto., 3. Stufe	30,–

228 *Bundesrepublik Deutschland*

Feuerwehr – Ehrenzeichen, 1938

1411	1. Stufe	40,–
1412	2. Stufe	35,–
1413	2. Stufe mit Eichenlaub für 40 Dienstjahre, 1944	50,–
1414	**Grubenwehr – Ehrenzeichen, 1938**	40,–

Luftschutz – Ehrenzeichen, 1938

1415	1. Stufe	50,–
1416	2. Stufe	30,–
1417	Zollgrenzschutz – Ehrenzeichen, 1938	40,–

Militärische Auszeichnungen

Ehrenkreuz des Weltkrieges, 1934

1418	für Frontkämpfer	8,–
1419	für Kriegsteilnehmer	8,–
1420	für Hinterbliebene	8,–

Dienstauszeichnung der Wehrmacht, 1936

1421	für 40 Dienstjahre, 1939	60,–
1422	1. Klasse	50,–
1423	2. Klasse	40,–
1424	3. Klasse	30,–
1425	4. Klasse	20,–

Eisernes Kreuz, 1939

1426	Spange zum EK II des Weltkrieges	20,–
1427	II. Klasse	40,–
1428	Spange zum EK I des Weltkrieges	20,–
1429	I. Klasse	50,–
1430	Ritterkreuz	160,–
1431	Eichenlaub zum Ritterkreuz, 1940	60,–
1432	Eichenlaub mit Schwertern zum Ritterkreuz, 1941	70,–
1433	Eichenlaub mit Schwertern und Brillanten zum Ritterkreuz, 1941	*
1434	Goldenes Eichenlaub mit Schwertern und Brillanten zum Ritterkreuz, 1944	*

Kriegsverdienstkreuz, 1939

1435	Kriegsverdienstmedaille, 1940	10,–
1436	II. Klasse	20,–
1437	I. Klasse	40,–
1438	Ritterkreuz, 1940	180,–
1439	II. Klasse mit Schwertern	20,–
1440	I. Klasse mit Schwertern	40,–
1441	Ritterkreuz mit Schwertern	180,–

Deutsches Kreuz, 1941

1442	in Gold	170,–
1443	in Silber	170,–

Verwundetenabzeichen, 1939

1444	in Schwarz	15,–
1445	in Silber	20,–
1446	in Gold	25,–

1447	Medaille Winterschlacht im Osten, 1942	25,–

Kampf-, Leistungs- und Tätigkeitsabzeichen der Wehrmacht

Narvikschild, 1940

1448	für Heer und Luftwaffe	30,–
1449	für die Kriegsmarine	30,–
1450	Cholmschild, 1942	30,–

Tapferkeits- und Verdienstauszeichnung für Angehörige der Ostvölker, 1942

1451	2. Klasse für Tapferkeit in Bronze	40,–
1452	dto., in Silber	50,–
1453	dto., in Gold	55,–
1454	dto., 1. Klasse in Silber	60,–
1455	dto., in Gold	60,–
1456	2. Klasse für Verdienst in Bronze	40,–
1457	dto., in Silber	50,–
1458	dto., in Gold	55,–
1459	dto., 1. Klasse in Silber	60,–
1460	dto., in Gold	60,–
1461	Krimschild, 1942	30,–
1462	Ärmelband KRETA, 1942	35,–
1463	Ärmelband AFRIKA, 1942	35,–
1464	Demjanskschild, 1943	30,–
1465	Kubanschild, 1943	30,–

Bandenkampfabzeichen, 1944

1466	1. Stufe	30,–
1467	2. Stufe	35,–

1468	3. Stufe	40,–
1469	Ärmelband »Metz 1944«, 1944	75,–

Panzervernichtungsabzeichen, 1942

1470	auf silbernem Band	30,–
1471	auf goldenem Band	35,–

Tieffliegervernichtungsabzeichen, 1945

1472	in Schwarz	30,–
1473	in Gold	35,–

Kraftfahrbewährungsabzeichen, 1942

1474	in Bronze	20,–
1475	in Silber	25,–
1476	in Gold	30,–

Scharfschützenabzeichen, 1944

1477	1. Stufe	10,–
1478	2. Stufe	13,–
1479	3. Stufe	15,–

Kampf-, Leistungs- und Tätigkeitsabzeichen des Heeres

Infanterie – Sturmabzeichen

1480	Silber, 1939	40,–
1481	Bronze, 1940	40,–

Panzerkampfabzeichen

1482	**in Silber,** 1939	40,–
1483	dto., II. Stufe, 1943	47,–
1484	dto., III. Stufe	48,–
1485	dto., IV. Stufe	48,–
1486	dto., IV. Stufe mit Einsatzzahl 100	50,–
1487	**in Bronze,** 1940	40,–
1488	dto., II. Stufe, 1943	47,–
1489	dto., III. Stufe	48,–
1490	dto., IV. Stufe	48,–
1491	dto., IV. Stufe mit Einsatzzahl 100	50,–
1492	Panzerkampfabzeichen mit der Einsatzzahl 200	50,–

Sturmabzeichen (allg.), 1940

1493	Sturmabzeichen	40,–
1494	dto., II. Stufe, 1943	48,–
1495	dto., III. Stufe	52,–
1496	dto., IV. Stufe	53,–
1497	dto., IV. Stufe mit Einsatzzahl 100	55,–
1498	Heeres-Flak – Abzeichen	28,–

Nahkampfspange, 1942

1499	1. Stufe	43,–
1500	2. Stufe	45,–
1501	3. Stufe	46,–
1502	Ehrenblatt – Spange, 1944	33,–
1503	Ärmelband KURLAND, 1945	34,–
1504	Fallschirmschützen-Abzeichen des Heeres, 1937	43,–

Ballonbeobachter – Abzeichen, 1944

1505	Bronze	28,–
1506	Silber	30,–
1507	Gold	33,–

Kampf-, Tätigkeits- und Leistungsabzeichen der Kriegsmarine

1508   U-Boots-Kriegsabzeichen, 1939   45,–

1509   Zerstörer-Kriegsabzeichen, 1940   33,–
1510   Kriegsabzeichen für Minensuch-, U-Boots-Jagd-
       und Sicherungsverbände, 1940   33,–

1511   Kriegsabzeichen für Hilfskreuzer, 1941   33,–

236 *Bundesrepublik Deutschland*

| 1512 | Flotten-Kriegsabzeichen, 1941 | 33,– |
| 1513 | Schnellboot-Kriegsabzeichen, 1941 | 33,– |

| 1514 | Kriegsabzeichen für die Marineartillerie, 1941 | 33,– |

| 1515 | Abzeichen für Blockadebrecher, 1941 | 33,– |

U-Boots – Frontspange, 1944

1516	Bronze	33,–
1517	Silber	40,–
1518	Ehrentafel – Spange, 1944	33,–

1519	Marine – Frontspange, 1944	33,–

Kampf- und Bewährungsabzeichen der Kleinkampfmittel, 1944

1520	Kampfabzeichen, 1. Stufe	8,–
1521	dto., 2. Stufe	10,–
1522	dto., 3. Stufe	12,–
1523	dto., 4. Stufe	15,–
1524	dto., 5. Stufe – Kampfspange in Bronze	32,–
1525	dto., 6. Stufe – Kampfspange in Silber	34,–
1526	dto., 7. Stufe – Kampfspange in Gold	36,–
1527	Bewährungsabzeichen	10,–

Kampf-, Tätigkeits- und Leistungsabzeichen der Luftwaffe

Frontflug – Spange

für Jäger, 1941,

1528	in Bronze	33,–
1529	dto., in Silber	35,–
1530	dto., in Gold	40,–
1531	dto., in Gold mit Anhänger, 1942	49,–
1532	dto., in Gold mit Anhänger mit Einsatzzahl, 1944	51,–

für Nahnachtjäger, 1942,
1533	in Bronze	33,–
1534	dto., in Silber	35,–
1535	dto., in Gold	40,–
1536	dto., in Gold mit Anhänger	49,–
1537	dto., in Gold mit Anhänger mit Einsatzzahl	51,–

für Fernnachtjäger, 1942,
1538	in Bronze	33,–
1539	dto., in Silber	35,–
1540	dto., in Gold	40,–
1541	dto., in Gold mit Anhänger	49,–
1542	dto., in Gold mit Anhänger mit Einsatzzahl	51,–

für Kampf- und Sturzkampfflieger, 1941,
1543	in Bronze	33,–
1544	dto., in Silber	35,–
1545	dto., in Gold	40,–
1546	dto., in Gold mit Anhänger	49,–
1547	dto., in Gold mit Anhänger mit Einsatzzahl	51,–

für Aufklärer, 1941,
1548	in Bronze	33,–
1549	dto., in Silber	35,–
1550	dto., in Gold	40,–
1551	dto., in Gold mit Anhänger	49,–
1552	dto., in Gold mit Anhänger mit Einsatzzahl	51,–

für Transport- und Luftlandeflieger, 1941,
1553	in Bronze	33,–
1554	dto., in Silber	35,–
1555	dto., in Gold	40,–
1556	dto., in Gold mit Anhänger	49,–
1557	dto., in Gold mit Anhänger mit Einsatzzahl	51,–

für Schlachtflieger, 1944,

1558	in Bronze	33,–
1559	dto., in Silber	35,–
1560	dto., in Gold	40,–
1561	dto., in Gold mit Anhänger	49,–
1562	dto., in Gold mit Anhänger mit Einsatzzahl	51,–

für Zerstörer, 1942,

1563	in Bronze	33,–
1564	dto., in Silber	35,–
1565	dto., in Gold	40,–
1566	dto., in Gold mit Anhänger	49,–
1567	dto., in Gold mit Anhänger mit Einsatzzahl	51,–
1568	Kampfabzeichen der Flakartillerie (Flak – Kampfabzeichen), 1941	33,–

Erdkampfabzeichen der Luftwaffe

1569	Erdkampfabzeichen, 1942	33,–
1570	dto., II. Stufe, 1944	35,–
1571	dto., III. Stufe	40,–
1572	dto., IV. Stufe	45,–
1573	dto., V. Stufe	50,–
1574	Ehrenblatt – Spange, 1944	33,–

Nahkampf-Spange der Luftwaffe, 1944

1575	1. Stufe	30,–
1576	2. Stufe	33,–
1577	3. Stufe	35,–

Panzerkampfabzeichen der Luftwaffe, 1944

1578	in Silber	33,–
1579	dto., II. Stufe	46,–
1580	dto., III. Stufe	48,–
1581	dto, IV. Stufe	51,–
1582	dto., V. Stufe	53,–
1583	in Schwarz	33,–
1584	dto., II. Stufe	46,–
1585	dto., III. Stufe	48,–
1586	dto, IV. Stufe	51,–
1587	dto., V. Stufe	53,–
1588	Seekampfabzeichen der Luftwaffe, 1944	33,–
1589	Flugzeugführerabzeichen, 1936	45,–
1590	Beobachterabzeichen, 1936	45,–
1591	Gemeinsames Flugzeugführer- und Beobachterabzeichen (Luftwaffendoppelabzeichen), 1936	46,–
1592	Fliegerschützenabzeichen für Bordmechaniker und Bordschützen, 1936	45,–
1593	Fliegerschützenabzeichen für Bordfunker, 1936	45,–
1594	Fliegerschützenabzeichen für Bordschützen ohne Bordschützenschein, 1944	33,–
1595	Segelflugzeugführerabzeichen, 1940	33,–
1596	Fallschirmschützenabzeichen der Luftwaffe, 1936	45,–
1597	Fliegererinnerungsabzeichen, 1936	33,–

B. Vom Bundespräsidenten oder mit seiner Zustimmung gestiftete sowie von ihm als Ehrenzeichen anerkannte Orden und Ehrenzeichen

Verdienstorden der Bundesrepublik Deutschland, 1951

1598	Sonderstufe des Großkreuzes, Ausführung für Herren	1.500,–
1599	Stern zur Sonderstufe des Großkreuzes	830,–
1600	Sonderstufe des Großkreuzes, Ausführung für Damen	1.500,–

1601	Stern zur Sonderstufe des Großkreuzes	780,–
1602	Großkreuz in besonderer Ausführung, 1954	*

242 *Bundesrepublik Deutschland*

1603	Stern zum Großkreuz in besonderer Ausführung	*
1604	Großkreuz, Ausführung für Herren	880,–
1605	dto., Ausführung für Damen	1.500,–

1606	Stern zum Großkreuz	570,–
1607	Großes Verdienstkreuz mit (Stern und) Schulterband, Ausführung für Herren	300,–
1608	dto., Ausführung für Damen	300,–

| 1609 | Stern zum Großen Verdienstkreuz mit Stern und Schulterband | 500,– |

Bundesrepublik Deutschland 243

1610	Großes Verdienstkreuz	90,–

1611	Stern zum Großen Verdienstkreuz	450,–

1612	Verdienstkreuz I. Klasse, Ausführung für Herren	60,–
1613	dto., Ausführung für Damen	50,–
1614	Verdienstkreuz am Bande, Ausführung für Herren	35,–

1615	dto., Ausführung für Damen	35,–

244 *Bundesrepublik Deutschland*

1616   Verdienstkreuz am Bande für Arbeitsjubilare,
       1952 – 1966   60,–

1617   Verdienstmedaille   30,–

Bundesrepublik Deutschland 245

Grubenwehr – Ehrenzeichen, 1953

1618 Gold 50,–

1619 Silber 40,–

Silbernes Lorbeerblatt, 1950

1620 Anstecknadel 50,–

1621 Brosche 50,–

1622 **Silbermedaille für den Behindertensport, 1978** 100,–

1623 **Pour le mérite für Wissenschaft und Künste, 1952** *

Ehrenzeichen des Deutschen Roten Kreuzes, 1953

1624 Ehrenzeichen in Gold (früher 1. Klasse) 150,–

1625 Ehrenzeichen des DRK 85,–

Deutsches Feuerwehrehrenkreuz, 1953

1. Form, 1953 – 1974
1626 1. Klasse 80,–
1627 2. Klasse 60,–
2. Form, seit 1974

1628 1. Klasse 70,–
1629 2. Klasse 50,–

Medaille für Rettung aus Seenot der Deutschen Gesellschaft zur Rettung Schiffbrüchiger, 1955

1630	Medaille in Gold	*
1631	dto., in Silber	*

1632	dto., in Bronze	*

Ehrenzeichen der Bundesverkehrswacht, 1957 – 1968

1633	in Gold	120,–
1634	in Silber	100,–

Ehrenzeichen der Deutschen Verkehrswacht, 1968

1635	in Gold	90,–

1636	in Silber	70,–

Johanniterorden, 1959

1637	Kreuz des Herrenmeisters	*
1638	Kreuz der Ehrenmitglieder	*
1639	Kreuz der Kommendatoren	*
1640	Kreuz der Rechtsritter	*

1641 Kreuz der Ehrenritter   *

Goethe-Medaille, 1954

1. Form, 1954 – 1974

1642	Goethe-Medaille	300,–
1643	Goethe-Medaille in Gold	350,–

2. Form, seit 1974

1644 Goethe-Medaille   300,–

Ehrenzeichen des Technischen Hilfswerkes, 1975

| 1645 | in Gold | 180,– |
| 1646 | in Silber | 110,– |

| 1647 | in Bronze, 1990 | 60,– |

Ehrenzeichen der Bundeswehr, 1980

1648	Ehrenkreuz in Gold	50,–
1649	Ehrenkreuz in Silber	40,–

1650	Ehrenkreuz in Bronze	30,–

1651	Ehrenmedaille	20,–

Deutsches Sportabzeichen, 1958

1652	in Gold mit Wiederholungszahlen	40,–
1653	dto., Ausführung für Damen	40,–
1654	in Gold	30,–
1655	dto., Ausführung für Damen	30,–
1656	in Silber	25,–
1657	dto., Ausführung für Damen	25,–
1658	in Bronze	15,–
1659	dto., Ausführung für Damen	15,–

Lehr- und Leistungsabzeichen der Wasserwacht und der DLRG, 1964 – 1976

1660	Lehrabzeichen der Wasserwacht des DRK	30,–
1661	Leistungsabzeichen der Wasserwacht des DRK	30,–

1662	Lehrabzeichen der DLRG	30,–
1663	Leistungsabzeichen der DLRG	30,–

Deutsches Rettungsschwimmabzeichen des DRK und der DLRG, 1976

1664	Rettungsschwimmabzeichen des DRK in Gold	30,–
1665	dto., mit Wiederholungszahlen	40,–
1666	dto., in Silber	30,–
1667	dto., mit Wiederholungszahlen	40,–

1668	Rettungsschwimmabzeichen der DLRG in Gold	30,–

1669	dto., mit Wiederholungszahlen	40,–
1670	dto., in Silber	30,–
1671	dto., mit Wiederholungszahlen	40,–

C. Orden und Ehrenzeichen der Länder der Bundesrepublik Deutschland

BADEN-WÜRTTEMBERG

Verdienstmedaille, 1974

1672	bis 1980 Gold 750	800,–
1673	seit 1980 Gold 333	500,–

1674 **Rettungsmedaille, 1953** 100,–

Ehrennadel des Landes Baden-Württemberg, 1983

1675 Anstecknadel für Herren 60,–

1676 Brosche für Damen 65,–

Feuerwehr – Ehrenzeichen, 1956

1677	in Silber	40,–
1678	in Gold	55,–

1679	Sonderstufe	70,–

**Ehrenmedaille des Ministerpräsidenten
für Arbeitsjubilare in der freien Wirtschaft, 1981**

1679/1 in Silber für 40 Dienstjahre 50,–
1679/2 in Gold für 50 Dienstjahre 70,–

1679/3 in Gold für 60 Dienstjahre   90,–

BAYERN

1680 **Verdienstorden, 1957**   700,–

1681 **Maximiliansorden für Wissenschaft und
       Kunst, 1980**   2.500,–

Rettungsmedaille, 1952

1682 1. Form, 1952 – 1974 250,–

1683 2. Form, seit 1974 150,–

1684 **Belobigungsmedaille für Rettung aus Lebensgefahr (Christophorus-Medaille), 1984** 150,–

1685	**Ehrenzeichen des Ministerpräsidenten für Verdienste im Ehrenamt, 1994**	350,–
1686	entfällt	

Feuerwehr-Ehrenzeichen, 1953
1. Form, 1953 – 1955

1687	1. Klasse	60,–
1688	2. Klasse	50,–
1689	3. Klasse	35,–

2. Form, 1955 – 1971
1690	1. Klasse	50,–
1691	2. Klasse	40,–
1692	3. Klasse	25,–

3. Form, seit 1972
1693	1. Klasse (für 40 Dienstjahre) = Nr. 1690	50,–
1694	2. Klasse (für 25 Dienstjahre) = Nr. 1691	40,–

1695 Feuerwehr – Ehrenzeichen für besondere
Verdienste, 1955 (Steckkreuz) 80,–

Ehrenzeichen für Verdienste um das Bayerische Rote Kreuz, 1957
1. Form, 1957 – 1972

1696	in Gold für L Dienstjahre	70,–
1697	in Silber für XL Dienstjahre	50,–
1698	in Bronze für XXV Dienstjahre	35,–

2. Form, seit 1972

1699	1. Klasse für XL Dienstjahre	50,–
1700	2. Klasse für XXV Dienstjahre	35,–

| 1701 | Steckkreuz für besondere Verdienste um das BRK, 1957 | 80,– |

BERLIN

1702 **Verdienstorden, 1987** 100,–

Rettungsmedaille, 1953
1703 1. Form 1953 – 1983 95,–

1704 2. Form, seit 1983 60,–

Feuerwehr- und Katastrophenschutz – Ehrenzeichen, 1978

1705   1. Stufe   45,–

1706   2. Stufe   60,–
1707   Sonderstufe   80,–

Ehrenzeichen für die Freiwillige Polizei – Reserve, 1988

1708	1. Stufe	40,–
1709	2. Stufe	60,–

1710 Sonderstufe   80,–

BRANDENBURG

Nr. 1711 – 1713 = Reserve

Feuerwehr-Ehrenzeichen, 1994
1714	Silbernes Ehrenzeichen am Bande	40,–
1715	Goldenes Ehrenzeichen am Bande	60,–
1716	Sonderstufe / Steckkreuz	80,–

**Medaille für Treue Dienste
in der Freiwilligen Feuerwehr, 1994**
1717	für 10 Dienstjahre in Kupfer	15,–

1718	für 20 Dienstjahre in Bronze	20,–

1719	für 30 Dienstjahre in Silber	25,–
1720	für 40 Dienstjahre in Gold	30,–

BREMEN

Feuerwehr – Anerkennungszeichen
1721　für 25 Dienstjahre, 1951　　　　　　　　　　　　40,–
1722　dto., für 40 Dienstjahre, 1955　　　　　　　　　70,–

HAMBURG

1723　**Rettungsmedaille, 1951**　　　　　　　　　　180,–

1724　**Hamburgische Dankmedaille für Hilfeleistung während der Sturmflut, 1962**　　　　　　35,–

HESSEN

Wilhelm Leuschner – Medaille 1964

1725	Ansteckabzeichen zur Wilhelm Leuschner-Medaille, Anstecknadel für Herren	80,–
1726	Brosche für Damen	85,–
1727	**Verdienstorden, 1989**	*

Rettungsmedaille, 1953

1728	1. Form 1953 – 1988	80,–

1729	2. Form, 1988	60,–
1729/1	3. Form, seit 1988	*

Ehrenbrief des Landes Hessen, 1973
Ehrennadel zum Ehrenbrief, 1. Form 1973 – 1981

1730	Anstecknadel für Herren, achteckig	50,–
1731´	Brosche für Damen	50,–

2. Form seit 1981

| 1732 | Anstecknadel für Herren | 40,– |

| 1733 | Brosche für Damen | 40,– |

Sportplakette des Landes Hessen, 1970
Anstecknadel zur Sportplakette, 1. Form
1970 – 1977
| 1734 | Ausführung für Herren | 30,– |
| 1735 | Ausführung für Damen | 30,– |

2. Form seit 1978
| 1736 | Ausführung für Herren | 30,– |
| 1737 | Ausführung für Damen | 30,– |

Bernhard-Christoph-Faust-Medaille, 1976
| 1738 | 1. Form, 1976 – 1993 | * |
| 1738/1 | 2. Form, seit 1994 | * |

Bundesrepublik Deutschland

Brandschutzehrenzeichen, 1962

1739	Stufe I	30,–
1740	Stufe II	40,–
1741	Stufe III	50,–

1742	Stufe IV	60,–

Feuerwehrleistungsabzeichen, 1974, 1980

1743	1. Stufe	20,–

1744	2. Stufe	30,–
1745	3. Stufe	40,–
1746	4. Stufe	55,–

Ehrenplakette für besondere Verdienste um die Landwirtschaft und Umwelt (Ministerium für Landwirtschaft und Umwelt), 1973

1747	Anstecknadel Stufe 1	30,–
1748	dto., Stufe 2	25,–
1749	dto., Stufe 3	20,–

Ehrenplakette für besondere Leistungen auf dem Gebiet der Landwirtschaft (wie oben)

1750	Anstecknadel Stufe 1	30,–
1751	dto., Stufe 2	25,–
1752	dto., Stufe 3	20,–

Ehrenplakette für besondere Verdienste um Landesentwicklung, Umwelt, Landwirtschaft und Forsten (Ministerium für Landesentwicklung, Umwelt, Landwirtschaft und Forsten), 1979

1753	Anstecknadel Stufe 1	30,–
1754	dto., Stufe 2	25,–
1755	dto., Stufe 3	20,–

Ehrenplakette für besondere Leistungen auf dem Gebiet der Landwirtschaft (wie oben)

1756	Anstecknadel Stufe 1	30,–
1757	dto., Stufe 2	25,–
1758	dto., Stufe 3	20,–

Ehrenplakette für besondere Verdienste um Landwirtschaft, Forsten und Naturschutz (Ministerium für Landwirtschaft, Forsten und Naturschutz), 1985

1759	Anstecknadel Stufe 1	30,–
1760	dto., Stufe 2	25,–
1761	dto., Stufe 3	20,–

Ehrenplakette für besondere Leistungen auf dem Gebiet der Landwirtschaft (wie oben)

1762	Anstecknadel Stufe 1	30,–
1763	dto., Stufe 2	25,–
1764	dto., Stufe 3	20,–

Ehrenplakette für besondere Verdienste um Landwirtschaft und Forsten (Ministerium für Landwirtschaft und Forsten), 1986

1765	Anstecknadel Stufe 1	30,–
1766	dto., Stufe 2	25,–
1767	dto., Stufe 3	20,–

Ehrenplakette für besondere Verdienste um Landwirtschaft, Forsten und Naturschutz (Ministerium für Landwirtschaft, Forsten und Naturschutz), 1988

1768	Anstecknadel Stufe 1	30,–
1769	dto., Stufe 2	25,–
1770	dto., Stufe 3	20,–

(Die Nrn. 1759 bis 1770 sind gleich.)

MECKLENBURG – VORPOMMERN
Nr. 1771 – 1775 = Reserve

1776	**Rettungsmedaille, 1992**	120,–

Brandschutz-Ehrenzeichen
1777	für 10 Jahre (Bandschnalle)	20,–
1778	dto., für 25 Jahre	40,–
1779	dto., für 40 Jahre	55,–
1780	Sonderstufe	65,–

NIEDERSACHSEN

Verdienstorden, 1961
1781	Großes Verdienstkreuz	100,–

1782	Verdienstkreuz (Steckkreuz)	60,–
1783	Verdienstkreuz am Bande	35,–

Bundesrepublik Deutschland 271

1784 **Rettungsmedaille, 1953** 60,–

**Ehrenzeichen für Verdienste im Feuerlösch-
wesen, 1954**
1785 Ehrenzeichen für 25jährige Dienste 25,–
1786 dto., für 40jährige Dienste 35,–

1787 dto., für 50jährige Dienste 50,–

1788   Sonderstufe des Ehrenzeichens   80,–

1789   **Gedenkmedaille aus Anlaß der Sturmflut-
        katastrophe, 1962**   35,–

1790   **Gedenkmedaille aus Anlaß der Waldbrand-
        katastrophe im August 1975, 1976**   35,–

NORDRHEIN-WESTFALEN

1791   **Verdienstorden, 1986**   110,–

Rettungsmedaille, 1951

1792   1. Form 1951 – 1970   80,–

1793   2. Form seit 1970   95,–

Feuerwehr – Ehrenzeichen, 1954

1794   1. Stufe   25,–
1795   2. Stufe   30,–

1796   Sonderstufe in Silber   45.–
1797   Sonderstufe in Gold   55.–

RHEINLAND-PFALZ

1798 **Verdienstorden, 1982** 95,–

Rettungsmedaille, 1951
1799 1. Form 1951 – 1971 80,–

1800 2. Form seit 1971 60,–

Ehrennadel des Landes Rheinland-Pfalz, 1974

1801 Anstecknadel für Herren 30,–

1802	Brosche für Damen	30,–

Feuerwehr – Ehrennadel und Feuerwehr – Ehrenzeichen, 1950, 1956, 1985
Ehrennadel, 1950 – 1956

1803	Silberne Ehrennadel	45,–

1804	Goldene Ehrennadel	65,–

Feuerwehr – Ehrenzeichen, 1956 – 1984

1805	1. Stufe	35,–

1806	2. Stufe	45,–

1807   3. Stufe   60,–

Feuerwehr – Ehrenzeichen, seit 1985

1808   Silbernes Ehrenzeichen für 25jährige Tätigkeit   25,–

1809   Goldenes Ehrenzeichen für 35jährige Tätigkeit   30,–

1810   Silbernes Ehrenzeichen am Bande   35,–

278 *Bundesrepublik Deutschland*

| 1811 | Goldenes Ehrenzeichen am Bande | 40,– |
| 1812 | Goldenes Ehrenzeichen, Steckkreuz | 50,– |

1813   Ehrenkreuz für besonders mutiges Verhalten   80,–

SAARLAND

| 1814 | **Verdienstorden, 1974** | 150,– |
| 1815 | **Rettungsmedaille, 1959** | 60,– |

Bundesrepublik Deutschland

Feuerwehr – Ehrenzeichen, 1959

1816	Stufe 1	25,–

1817	Stufe 2	35,–

1818	Sonderstufe	50,–

Feuerwehr – Leistungsabzeichen, 1975

1819	in Silber	40,–
1820	in Gold, 1982	55,–

SACHSEN

Nr. 1821 – 1824 = Reserve

Feuerwehr – Ehrenzeichen, 1992

1825	Ehrenzeichen am Bande, Stufe 1	25,–
1826	dto., Stufe 2	30,–

1827	Steckkreuz Stufe 1	40,–
1828	dto., Stufe 2	50,–

1829 Gedenkmedaille Waldbrandkatastrophe
Weißwasser 1992   35,–

SACHSEN-ANHALT
Nr. 1830 – 1834 = Reserve

Brandschutzehrenzeichen, 1992

1835	Silbernes Ehrenzeichen am Bande	25,–
1836	Goldenes Ehrenzeichen am Bande	30,–

1837　Goldenes Ehrenzeichen, Steckkreuz　　　　　45,–

SCHLESWIG-HOLSTEIN
Nr. 1838 – 1840 = Reserve

Rettungsmedaille, 1951

1841   1. Form 1951 – 1954   80,–

1842   2. Form seit 1954   60,–

Ehrennadel des Landes Schleswig-Holstein, 1982

1843   Anstecknadel für Herren   30,–

Bundesrepublik Deutschland 283

1844 Brosche für Damen   30,–

Schleswig-Holstein-Medaille, 1978
1845 Anstecknadel für Herren   35,–
1846 Brosche für Damen   35,–

Medaille für Arbeitsjubilare, 1967

1847 Silberne Medaille für 40jährige Tätigkeit   40,–
1848 Goldene Medaille für 50jährige Tätigkeit   50,–

Brandschutz – Ehrenzeichen, 1955

1849	1. Stufe	25,–
1850	2. Stufe	35,–
1851	Sonderstufe	50,–

1852 **Gildenkette, 1967** [siehe Seite 280]   1.000,–

1853 **Sturmflutmedaille, 1962**   35,–

Bundesrepublik Deutschland 285

THÜRINGEN
Nr. 1854 – 1857 = Reserve

Brandschutzehrenzeichen, 1992

1858	Bronzene Medaille	15,–
1859	Silbernes Ehrenzeichen am Bande	20,–
1860	wie vor, Goldenes Ehrenzeichen	25,–

1861	Silbernes Ehrenzeichen, Steckkreuz	30,–
1862	wie vor, Goldenes Ehrenzeichen	40,–

1852

Fachhändlerverzeichnis

München	HERMANN HISTORICA OHG – Spezialauktionshaus
Bad Driburg	Wilfried FREITAG Ankauf – Verkauf – Tausch
Hamburg	Helmut WEITZE Ankauf – Verkauf – Tausch
Bad Oldesloe	Hanseatisches Auktionshaus für Historica

HERMANN HISTORICA OHG

ALTE WAFFEN · ORDEN · MILITARIA
ANTIKEN · HISTORISCHE OBJEKTE

Das internationale Spezialauktionshaus in München

Sandstraße 33   80335 München
Tel. 089-52 37 296, Fax 089-52 37 103

Antiquitäten-Kataloge umfassend und kompetent
– mit aktuellen Marktpreisen –

Der komplette Überblick für alle gängigen Sammelgebiete. Die Neuausgabe 95/96
600 Seiten, 5000 Abb.
DM 98,–/
öS 719,–/sFr. 98,–
ISBN 3-89441-297-6

Alle Gattungen von Taschenuhren mit über 400 Beschreibungen in Wort und Bild.
176 Seiten, 480 Abb.
DM 58,–
öS 429,–/sFr. 58,–
ISBN 3-89441-291-7

Stand: Juli 1995

Europas großes Angebot!

Orden + Ehrenzeichen aus aller Welt
Verleihungsurkunden + Dokumente
Blankwaffen + Militaria
Historische Antiquitäten

4 – 6 Auktionen jährlich
Fordern Sie Ihr Katalog–Abo an.

Hanseatisches Auktionshaus für Historica
B & S Galerie für Kunst und Geschichte
Ratzeburger Str. 54, 23843 Bad Oldesloe
Tel.: 0 45 31/8 10 92, Fax 0 45 31/8 25 63

Battenberg-Bildbände
Die verschenkt man gerne!
– Mit wertvollen Informationen –

Die legendäre VESPA: Ihre Geschichte und ihre Geschichten. Mit vielen bisher unveröffentlichten Dokumenten und Bildern.
176 Seiten, über 400 Abb. in Farbe und s/w
DM 98,–/
öS 719,–/sFr. 98,–
ISBN 3-89441-212-7

Über 1.000 Automobil-Embleme im Bild: Wie sie entstanden, was sie bedeuten und was man sammeln kann.
192 Seiten, 1.000 Abb. in Farbe und s/w
DM 49,80/
öS 389,–/sFr. 49,80
ISBN 3-89441-278-X

Stand: Juli 1995

SAMMLERECK BAD DRIBURG
ORDEN & EHRENZEICHEN MILITARIA

GROSSES ANGEBOT AUSZEICHNUNGEN

ANKAUF VERKAUF TAUSCH

**Ständig über 200 Ordensbänder
am Lager – Bänderliste DM 5,–**

WILFRIED FREITAG

33014 BAD DRIBURG · SCHULSTRASSE 19
TELEFON 0 52 53 / 65 62

FEHLLISTENBEARBEITUNG

PREISLISTE GEGEN DM 2,– RÜCKPORTO

Ich glaub' ich seh' nicht recht!

Das Hamburger Fachgeschäft für Sammler

*WIR FÜHREN FÜR SIE
STÄNDIG IM ANGEBOT:*

> Orden und Ehrenzeichen

> Ordensminiaturen und Kleinabzeichen

> Verleihungsurkunden, Ausweise und militärische Dokumente

> Uniformen und Uniformeffekten

> Koppelschlösser und Ausrüstungsgegenstände

> Postkarten, militärische Fotos + Fotoalben

> militärische Bücher, Hefte + Zeitschriften

> WHW-Spendenabzeichen

> Elastolin/Lineol und anderes Militärspielzeug

> militärisch Antiquitäten aller Art

> sowie militärische Fachliteratur in großer Auswahl

Sie finden uns im Herzen von Hamburgs City, nur 5 Min. vom Rathaus!

Ankauf Verkauf Tausch Helmut Weitze

**Neuer Wall 18, I. Stock, 20354 Hamburg
Tel: 040/35 27 61, Fax: 040/35 35 63**

Öffnungszeiten: Mo.–Fr. 10.00–13.00 u. 14.00–18.00, Sa. 10.00–13.00

**Bitte abonnieren Sie unsere Versandliste, pro Jahr DM 20,-- Deutschland,
US $ 20.00 für Europa und Übersee**

Antiquitäten-Kataloge umfassend und kompetent
– mit aktuellen Marktpreisen –

Erstmals der vollständige Überblick über Porzellan-Produkte des Hauses Rosenthal.
176 Seiten, 500 Abb.
DM 68,–/
öS 498,–/sFr. 68,–
ISBN 3-89441-211-9

Alle deutschen Sammelalben von 1872 - 1990. Zur Preisbestimmung von Einzelbildern und Alben.
200 Seiten, 300 Farbabb.
DM 58,–/
öS 429,–/sFr. 58,–
ISBN 3-89441-279-8

Stand: Juli 1995

BATTENBERG

Die Münzen dieser Welt...
Was sind sie heute wert?

Überall, wo's gute
Bücher gibt!

BATTENBERG